十大华人科学家丛书

孟宪明　主编

李四光传

王　静　编著

河南文艺出版社
· 郑州 ·

目　录

一

对孩子们来说，错误就是月光下的阴影，紧紧地随在身后，甩不掉也摆不脱。聪明人巧妙地牵着错误走，阴差阳错，最后得到意外的收获。一个十四岁的男孩儿，关键时出现差错，他灵机一动，将错就错，于是，有了一个新的名字，这名字是一颗璀璨的新星，在中国的地质史上闪烁。

二

人生就是一个万花筒，一摇一晃就会变出各式各样的图形。风华正茂的李四光面临人生的重大选择，他可以摇身一变青云直上成为达官权贵，可以继续造反成为叱咤风云的英雄，还可以退出政坛成为明哲保身的庸人。然而，李四光的志向、情怀、家教、个性，决定着他必然会选择一条新的人生道路，一条荆棘丛生却又奥妙无穷的探索之路。

三

汉字是谁创造的？是仓颉。"䗴"字是谁创造的？是李四光。䗴科研究是李四光为世界地质学界献出的第一份礼物。

三十多岁的李四光收获幸福。

四

庐山的朝霞庐山的峰,庐山的云雾庐山的景,庐山是一首诗、一幅画,更是一团迷雾。李四光三上庐山,轻轻撩开庐山面纱,向全世界宣布:看,中国的第四纪冰川就在庐山。

五

"学贵善疑,不怀疑就不能发现真理。"英国人赖尔怀疑上帝,把地球形成的年代向前推进好几十亿年;奥地利人魏格纳怀疑赖尔,发现七大洲原来是一大块完整的陆地;中国人李四光怀疑魏格纳,提出地壳变化的主要原因来自地球自转产生的水平分力。

六

日本鬼子打来了,国民党溃不成军。到处是战争的火海,同胞血流成河。血与火中,李四光对自己说:再苦再难,也得把地质研究搞下去。中国的明天,需要地质工作。

七

假如我们有几万年的寿命，假如我们能登上万里长空，假如我们练就一双孙悟空式的火眼金睛，那么，我们会看到什么？会看到大地如玉兔一般疾走，高原像嫦娥一样舒广袖，三山五陵，便是大海的波涛。看啊，波浪起伏，潮涌潮落。

李四光创立地质力学理论。

八

中国有没有石油？克拉普扛着钻杆来了，他在陕北高原钻出七个干窟窿，摇摇头走了。布克威尔德抱着勘探镜来了，他到东北瞧瞧，又到西南看看，丢下一句"中国乃贫油之国"的结论，耸耸肩走了。

李四光朗朗一笑："中国有的是石油。"然后向东一指，大庆原油"哗哗"淌;向西一挥,克拉玛依的钻机"隆隆"唱。

　　石油滚滚流成河。

　　九

　　风说:我的力量大,我能把绿洲变成一片黄沙,我能把大树连根拔下。水说:我的力量大,我能叫江河改道,我能冲毁千里堤坝。岩浆说:我的力量大,我能叫大地颤抖,我能叫高山低头。李四光说:科学的力量最大,她能抗拒自然灾害,守护人类美好的家。

　　十

　　有一个美丽的传说,精美的石头会唱歌:它知道李四光的生平业绩,它高唱一曲科学家的颂歌。

　　李四光走了,他化作一块巨石,矗立在中国的土地上,也矗立在中国人的心中。

一

对孩子们来说,错误就是月光下的阴影,紧紧地随在身后,甩不掉也摆不脱。聪明人巧妙地牵着错误走,阴差阳错,最后得到意外的收获。一个十四岁的男孩儿,关键时出现差错,他灵机一动,将错就错,于是,有了一个新的名字,这名字是一颗璀璨的新星,在中国的地质史上闪烁。

1. 村头那块大石头

湖北黄冈市,有个小村庄,当地人叫它下张家湾。没有人说得出它兴于哪一朝哪一代。有人要问:"下张家湾在哪儿?"当地人回答:"只要见到一块好大的石头,就找到下张家湾啦。"

这块石头兀立在村口,像一个历尽沧桑的老人,默默地看着脚下那条弯弯曲曲的小路。顺着小路进村,转过两个弯儿,一座破旧但整齐的农家小院映入眼帘。小院大门上的黑漆已是斑驳陆离,但门框上的一副对联却还完整。上联写着"半亩桑田承祖荫",下联写着"一卷诗书传后人",横批是"耕读之家"。

户主姓李,是村里的教书先生。

1889年10月26日,李先生家又添了一个孩子。这孩子一落地,接生婆抱起来,就说:"哎哟老天爷呀,莫不是玉皇爷跟前的小金童下凡了?"李太太吃力地抬起头看,孩子确实长着一副好模样,大脑袋,宽额头,高鼻梁,国字脸。待他哭了一阵睁开眼睛,李太太心里"咯噔"一下,孩子的眼睛怎么这么大,这么亮呀。李先生看着新生儿,沉吟一会儿,说:"叫仲揆吧,揆者,掌管百事也。"

李先生好读书,虽家境贫寒,仅有三亩薄地,但他并不看重田产。他常说:"万般皆下品,唯有读书高。"当他有了一点儿积蓄,就在村里那所破庙里开设书馆。

大秋过后,村里人领着孩子来书馆,他们先搁下半袋米,再恭恭敬敬作个揖,红着脸说:"李先生,难为您老啦,这点东西不成敬意啊。"李先生微微昂着头,一字一板地说:"哪里的话。圣人主张有教无类。你相信我,把孩子送到我这里读书,将来,孩子有了出息,便会造福一方。"

李先生书馆的学生很多,收入却不多。于是,李太太为安顿一家人的生活作了不少难。

是啊,李家老老少少七八口人,冬天要棉夏天要单,一日三餐,迎来送往,哪一桩不得她去细细筹算?过日子的杂事真比树叶儿还稠。她起早贪黑,忙里忙外地苦作。仲揆自小就像长在母亲背上。母亲脚踩踏板,双手穿梭,发出"呱嗒呱嗒"的响声,仲揆听着听着,头一歪,睡着了。

仲揆不能再整日贴在母亲身上了,他有了妹妹,又添了弟弟,得离开母亲。村里和他一般大的孩子不少,他们相约到村口玩,村口那块大石头就是孩子们的大本营。

好大一块石头,呈深褐色。高二尺,石面能坐四五个人,上面有刀砍斧凿般的条条痕迹。挑担的人走过来,将担子一放,坐在石头上吸袋烟;赶集的人走过来,靠着石头歇歇脚。孩子们围着石头,你望着我,我瞧着你,不知玩什么好。仲揆说:"咱们来捉猫猫儿。""好,好,来,先配班儿。"十一二个小脑袋凑在一起,叫:"当班儿我老头儿。"随即伸出来黑乎乎的小手。伸手心的成一班儿,伸手背的为另一班儿。

仲揆领着他的属下"呼啦"一声散开,各自寻找躲身的地方。站在石头旁边的另一班儿齐声喊"一二三四五,上山打老虎;五四三二一,下山捉母鸡。"喊过三遍,开始搜寻。

麦秸垛是个目标。一群人悄悄接近,躲在那儿的人沉不住气,撒开脚丫子就跑。包抄过来的人一拥而上,手到擒来。接着,又向第二个目标牛棚逼近。两个、三个、四个,捉猫猫儿一方把躲猫猫的孩子一一擒获,只剩下仲揆还不知在哪个旮旯里躲着。

"仲揆,你娘喊你呢!"对方开始智取。"仲揆,你家来客啦!"又一阵喊叫。空旷的原野上只听到瑟瑟的秋风。

小个光头孩子"哇——"地哭起来:"我藏的时候见仲揆往河沿跑,会不会掉河里了?"一个大个头的孩子吓呆了:"仲揆——"哭声四起,孩子们不知所措。

"我在这儿。"清脆的声音把大伙从惊恐中救出来。小仲揆黑黑亮亮的大眼睛笑成一条缝。

"你藏在哪儿?"

"就在你们旁边儿,这不,就蹲在大石头的后面儿。"

"咋找不到你?"

"开始我藏在河沿那堆草里。见你们往牛棚去,我想再往前你们就会往河沿搜,趁你们进牛棚时我绕到你们身后,想着你们不会再往回搜。"

"你这个大头崽子,点子真多。"

夕阳西下,炊烟袅袅。孩子们回家了,仲揆却还在石头旁站着。刚才,他蹲在这儿躲猫猫儿时发现一个现象,石头上有长长短短几十道深浅不同的条痕。他在琢磨,是谁在石头上刻下的道道儿? 刻它做什么? 他伸出小手摸着冰冷的石头,怎么想也想不明白。"揆伢子,该回家啦。"

哦,是娘来找他了。娘拉起他:"看,手冻得冰冰凉,我给你焐焐。"

一双通红的小手触摸到母亲温暖的肌肤。好久没有贴在娘身上了,仲揆搂住娘,很惬意。

"娘,这石头从哪儿来?"

"山上。"

"我咋没见过山呀?"

"大山离咱这儿百十里,你小,不能进山。"

"山离咱这儿那么远呀。"仲揆有点儿失望,"娘,山离咱这儿那么远,谁把它搬到咱村儿啦?谁又在这石头上刻道道儿?"

娘笑了:"揆伢子,娘可说不了。大概是天神吧。"

仲揆抬起头。头顶,是一片苍茫的云海。

第二天早上,父亲破例没有去学馆,他一脸凝重地说:"仲揆,你已经5岁了,早些开心智(启蒙)吧。"

父亲领着仲揆来到村里陈老爹家。陈老爹得知李先生请他做仲揆的先生,高兴得把那根花白细长的小辫子往脖子里一绕,拖着长腔:"得天下英才而教之,岂不乐乎?"打那以后,仲揆开始背起书来:"天地玄黄,宇宙洪荒。日月盈昃,辰宿列张……"

这一年,中日甲午战争爆发,中国海军全军覆没,民族英雄邓世昌以身殉国。

2.爹爹总是皱眉头

《三字经》《百家姓》《千字文》《声律启蒙》等,三年的功课,仲揆一年就背得滚瓜烂熟。陈老爹却收起笑脸添上愁容。他说:"这伢子聪明过人。只可惜老爹我学问浅,再不能教你了。跟你父亲上学吧,他的学问大。"

6 岁的仲揆提前毕业,升入父亲的书馆。

父亲的名气越来越大,四邻八乡都知道下张家湾的李先生教书有方,争着送孩子来读书,父亲索性将书馆迁到镇上。

天蒙蒙亮,仲揆随父亲去书馆,太阳偏西才回家。晚饭后,母亲点起油灯,一下子满屋都亮了。父亲灯下吟诗,仲揆哥俩伏案临摹,母亲借着光亮纳鞋底做鞋帮儿,弟弟妹妹在院子里嬉笑打闹。父亲偶尔抬起头,环视周围,咏一句:"长幼皆有序,家和万事兴。"

可是,转过年头,仲揆感到家庭和睦温馨的气氛没有了。父亲脸上堆满阴云,双眉紧锁,眼里含着许多悲愤,他常常坐在桌前,一言不发。母亲早早地哄着弟弟妹妹睡下,仲揆和哥哥在一边悄悄地温习功课,屋子里的空气似乎都变得沉重了。

一定出事儿了,仲揆猜测。可是,究竟出了什么事?他不敢问父亲。在他眼里,父亲就是圣人,高大、神秘、威严,可仰视不可亲近。还是问母亲好了。

"娘,爹爹怎么啦?"

"揆伢子,你爹心里堵得慌,你可不敢惹他生气呀。"

仲揆孝顺。他想:怎么做才能叫父亲高兴起来呢? 爹最喜欢用功的孩子,我把书念好,爹就会高兴。7 岁的仲揆许下心愿,帮助父亲摆脱忧愁。

冬雪初融的上午,李先生布置好作业离开书馆。待他的身影一消失,书馆立刻沸腾起来。没有先生看管,二十来个八九岁的孩子能把屋子抬起来。笑声、哭声、叫骂声、呐喊声、厮打声,人声鼎沸;你一拳我一脚,拉桌子扔板凳,一片狼藉。

仲揆没有玩的心思。他走出来,到西厢房读书。

临近中午,做饭的王老爹推开西厢房的门,见仲揆一人坐在四处透风、冰冷潮湿的屋里读书,慌忙说:"伢子,你会冻出病的。"

王老爹赶快点上炉子,拉仲揆烤烤火。嘴里赞扬着:"房檐滴水点点不错。跟你爹一个样儿,就好读书。"

一次,父亲随口问他:"何者为家?"

"家,安居生息之所。古人云,'能定其家,先王之业',又曰,'治天下之国若治一家'。"

仲揆之乎者也,对答如流。父亲的眉头略微舒展一下。仲揆为这事儿暗自兴奋了几天。

从此，他读书更刻苦了。夜深了，娘催他："睡吧，你身子骨单薄，时间长了受不住哟。"仲揆抬头望着母亲："娘，你看灯里的油只剩一指了，等油燃完了我就睡。"母亲忙乎自己的事儿去了。一个时辰过去，仲揆屋里还有灯光，母亲进来，见儿子还在灯下用功，只是这光亮暗了许多，她拔下簪子要剔除烛花，却发现三根灯草剩一根了。仲揆为了多看一会儿书，拔掉两根。儿子如此刻苦攻读，母亲说也不是，不说也不是。

一天夜里，仲揆家来了一屋子人。弟弟妹妹抱着被褥跑到东厢房，边跑边吵闹着要跟仲揆睡一张床。仲揆问："你们怎么不跟娘睡啦？"

大妹抢先回答："娘叫我们过来，那屋里全是人，说要商议个事。"

仲揆安顿好他们，自己静不下心，他披件衣服，蹑手蹑脚地来到堂屋窗下，推开窗棂，见里面有八九个人，有他认识的，也有没见过面的。陈老爹正在说话："咱大清朝的银子就白白地送给倭寇啦？老佛爷能咽下这口气吗？"

一个壮汉接着说："想当年倭贼在南边闹事，戚大爷领兵降贼，倭人抱头鼠窜。如今怎么啦？"

"怎么啦？打不过呗。"不知谁咕哝一句。

"打不过？想我中华有四万万同胞，抱成一气，吐出的唾沫星子也能把倭人淹死。"壮汉的声音震得窗花纸嗡嗡作响。

父亲站起来，缓缓地说："诸位，今天请大家过来，就是商议此事。《马关条约》真是叫先人丢尽脸面。各位都是读书人，君忧臣辱，君辱臣死，天下兴亡，匹夫有责。听说李鸿章大人在马关本不想签约，那倭寇浪人竟将他刺伤。况且，倭人今天割走台湾，明天就想着占有湖北，待倭人打进黄冈，咱们妻儿老小岂不成了他们刀下的鱼肉？"

人们面面相觑，屋子里没有声息。

"这怎么是好，我们都是些手无缚鸡之力的书生。"有人嗫嚅地说。

父亲道："我想起个会，叫保家卫国会。如若各位同人与我心愿一样，咱就先写个万民折，向当今皇上表明，倭寇再要挑起事端，咱们舍去一死，也要与那倭寇决一雌雄！"

泪水模糊了仲揆的视线，他放下窗棂，贴着墙根站着。他被一种神圣而又悲壮的气氛包围着，两手紧紧地按着胸口，怕那颗怦怦跳动的心飞出来。他使劲咽了一口唾沫，像是要把几个月以来的苦闷、猜疑都咽下去。此时，他想推门冲进屋，跪在父亲和众人的面前立个誓言，可是，双腿却像灌着铅，就是迈不开。他的脑海里反反复复闪着一句话："仲揆、仲揆，人人都说你最像爹爹，你一定得像爹爹那样，做一个堂堂正正的人。"

仲揆刚刚 8 岁，可他感到自己已经是个大人了。

3. 神来之笔

外面的世界正在发生巨大的变化。

1848 年,鸦片战争之后,清王朝就像患着重病的巫师,古怪又丑陋,虽然满目疮痍,流血流脓,却硬要说那是盛开的鲜花,姹紫嫣红。

清王朝就是不承认现实。

这是一次御前会议,三品以上的朝官头顶官帽身披马褂,纹丝不动地跪着。门帘后坐着的慈禧发问:"夷人屡屡进犯,难道我朝廷就此罢了不成?"

"回老佛爷,奴才有一计谋。"拖着油黑发亮长辫的一个大臣起奏。

"讲。"

"喳!奴才闻知那番国夷邦的人皆无膝盖骨,双腿可直立不可弯曲。敌我交战,我大清将士只需用一带钩竹竿将夷人双腿一钩,立即将其钩倒,且夷人倒下再难爬起。如此一来,夷人必败无疑。"

慈禧如获至宝,抬手轻轻一挥:"退下吧。"

清王朝愚笨至极。

当然,清王朝也有睁眼看世界的人,其中一位就是两湖总督张之洞。

张之洞，身材高大，长须飘然，眼似铜铃，声若洪钟。这位封疆大吏有胆有识有智有谋，在湖北大兴新政，开一代风气之先河。

张之洞力主办新学堂。新学堂与旧书馆不一样。在书馆，学生们先学《诗经》《论语》，再读《孔子》《孟子》，等把《诗》《书》《礼》《易》《春秋》背得烂熟，会做八股文，即可参加考试，考取后就有当官的资格。凡是与考试无关的学问，一律不学。

新学堂则不然，除教"经史子集"，还讲算学、物理、化学。在学堂读书，每个学生不用交钱，学校还发一些学饷。

从1902年到1904年，湖北的新学堂遍地开花。有一首民谣这样说："湖北省，二百堂，武汉学生五千强。"

省城办新学的消息传到乡下。晚饭后仲揆问父亲："爹，我能到省城上新学堂吗？"父亲望了望长得快跟他一般高的儿子，默默不语。

他心里翻腾得厉害。这些天他正为新学堂的事儿伤脑筋，他搞不清新学堂出来的学生能做什么，也不相信那里的先生能像自己这样学问深厚，德高望重，但是，他是个明智人，感到新的总归要代替旧的，就像长江的大浪，后浪赶过前浪，与其阻碍后浪，不如随着浪潮走。

仲揆站了半天，见父亲不吭声，心想，糟了，爹不愿让我去新学堂。可是,我真想到那里去读书。他正要再请求,父亲发话了:"想去,就去试试吧。"

1903年,14岁的李仲揆第一次进省城。

前一天晚上,母亲忙开了,拿出一双千层底黑面的新鞋,准备一件细布缝制的深蓝长袍,又翻出一顶走亲戚时才让戴的瓜皮小帽,还坐了半宿赶制出一个绣着二小放牛图案的书包。走时,父亲带着仲揆绕道来镇上的书馆,在孔子画像前鞠三个躬。

"省城真大呀。"仲揆感到这里处处都新鲜。他看见高高的烟囱大口大口地吐着浓浓的烟雾,就问:"爹,那么大的烟囱做啥用?"

"做饭用嘛。"

"谁家那么多人,用那么大的烟囱?"

"兵营里用的。"

"不对,那是炼钢用的。"一个与他们并肩坐在马车上的陌生人插了一句。

李仲揆怀疑地看看他。从记事儿起,他还没见过有谁反驳过父亲呢。

陌生人却很有兴致地说:"小老弟,刚从乡下来吧。我告诉你,这是张之洞张大人下令建的汉阳炼钢厂。把山上的石头采来,在炉子里炼成钢水,轧成钢锭,用钢锭做枪、炮、铁轨什么的。"

仲揆越发糊涂了:石头那么硬,怎么能变成水? 这水又怎么做枪? 他脑子里乱乱的。

湖北学务处到了。从全省各地来的人排成一条长龙。仲揆见到这阵势,突然想到父亲常常提到的"科举",说考中科举就是跳龙门,跳过龙门,就变成蛟龙,能腾云驾雾,遨游四海;跳不过去,就只能在小河沟里与小蟹小虾做伴儿。他又想起邻村的一个人,因为没有考中,疯了。夜里经常在外边游荡,还不时地喊:"我考中了! 爹,咱家坟地里冒青烟儿啦。"那声音和着凄厉的夜风,格外瘆人。想到这儿,他不禁打了个寒噤。

轮到他报名了。他接过父亲掏出的几个铜子,买了一张报名单。一个学童带他进入另一间屋子,找个空位儿。他坐下,将报名单放好,拿出毛笔,在墨盒里润一润,在报名单的第一栏里毕恭毕敬地写下两个字:"十四。"

"哎呀,不好!"仲揆差点喊出声。原来,报名单的第一栏应该填上姓名,他却填成年龄。这可怎么办? 他的额头渗出一层汗,手心里也湿津津的。他放下笔,想把这张报名单毁了,再买一张。可转念一想:不行,我不能一出门就跌跤。再说,买报名单还要向爹要钱,动不动就向爹娘伸手,算不得好男儿。不改了,就叫李四。仲揆提笔在"十"两边添两笔,又在下面写个"子"。"李四。"他轻轻地读一下。太难听了。戏台上那些挑灯笼、翻跟头、歪戴帽、缩头架膀儿的小丑,不是就叫"张三""李四"吗？他犹豫地放下笔，一时不知怎么是好。"爹呀，你在这儿就好了。"他茫然地望一望窗外，爹还在大门口，他一定也在盼着我快点出来。这可怎么办呢？他收回目光，一脸懊丧。

"有了。"他的眼里放射出兴奋的光彩。正前方悬挂着一块红底金字的大匾，上写着"光被四表"。仲揆重新润一润笔，提足了劲儿，在"李四"后写下一个"光"字。

填好报名单，他飞快跑出屋子，父亲焦急地站在那儿，一见他就问："怎么去了这么久？"

"爹，我有个新名字，叫李四光。"

见爹一脸的困惑，李四光如此这般地解释一通。父亲的脸上有些笑意，说一句："揆伢子遇事肯动脑，是个人才。这光字取得好，古语有光照四方、光芒四射、光被四表。"

听到父亲这样夸奖，李四光满脸通红，他知道爹很少当面赞扬哪个人。

接下来上考场，李四光轻轻松松地通过了考试。不久，接到入学通知书。上写道："李四光，十四岁，已被湖北第二高等小学堂录取。"

4. 走出国门看世界

新学堂灿然一新，李四光心情好极了。他一大早进教室，把自己的桌凳擦干净，又顺手擦了擦同桌的凳子。一会儿，同学们陆陆续续来了。嗬，班上的同学真有意思，有的满脸胡子，有的还奶里奶气，有的提着个鸟笼，有的还带着个奶娘。人一多教室里乱哄哄的，逗鹦鹉，吃瓜子，摸牌九，大呼小叫，快赶上茶馆热闹了。

先生进来，教室里很快静下来，李四光身边的座位还空着。

先生开始讲话，一个腰弯得像大虾似的男人推门进来，原来，他也是班上的学生，并且正是李四光的同桌。

先生扫他一眼，继续讲课。一节课没讲完，李四光身边传出轻轻的鼾声。先生的眼睛死死盯着他的同桌，李四光忙悄悄地推一推同桌，这男人抬起头，迷糊着眼睛，嘴角淌着哈喇子，含糊了一句："这是在哪儿呀？"

学生们哄地笑起来。"乒！"先生的教鞭打在黑板上。教室又恢复平静。李四光皱一皱眉头。不久，李四光与同学们熟悉了。他有了一位新朋友，叫王静轩。王静轩的父亲在总督衙门做文书。他虽然比李四光小一岁，但对周围的人和事知道得不少。他很聪明，好说好动，经常与李四光在一起。

李四光问："咱们这个班上有的人年龄怎么那么大，是考上来的吗？"

"哪里，有好多都是找人替考进来的。"

"怪不得那些人上课心不在焉呢。"

"这些人在这儿是打发时间，将来好混张新学堂的证书。像你的同桌张文庆，他爹是大官，他天天泡馆子。你注意没有，他的脸发青，都是吸大烟吸的。"

李四光倒抽一口凉气，说："我爹说过，人生在世必须五戒，第一就是戒大烟。抽那东西非把家底抽干不可。"

"他不怕。他家的银子比河里的水还多，由着他抽。"

"我还是不明白。他家那么有钱，为啥不分给穷人一点儿？我们那里的一些佃农，到青黄不接的时候吃草籽，吃观音土，有的活活饿死。张文庆把钱拿来抽大烟，抽得身上没有力气，还不如把烟戒掉，钱拿来救济没饭吃的人。"

"要说也是的。谁知道他怎么想。咱甭管他了。说说你吧，仲揆兄，我很佩服你，你学习那么好，每次功课都得上上等。我就不行。"

"哪里，你比我强多了。"话虽这么说，李四光心里却像喝了一口蜜。他想：自己孤身一人在省城，班上的同学个个比他有钱，经常下馆子，买零食，只有一样比不上他，这就是学习成绩。一想到这里，他就来了精神。

1904 年，也就是李四光在湖北武昌读书的第二个夏天，"机遇老人"又一次向这位天资聪睿又勤奋好学的少年露出笑脸。

这一年，张之洞准备派一大批有才华的青少年到国外深造，湖北第二高等小学有一个留学日本的指标。

从来不怎么理睬李四光的张文庆约他到武昌很有名的酒馆，七个碟八个碗摆了一桌子，"老弟长，老弟短"喊得李四光脸上发烫，末了，说出了来意，想让李四光替他参加留学生考试。

此时，李四光也正想着这档子事儿，他照实说："不是我不想帮你，我也想到外国读书。"

张文庆好扫兴，脸一沉说："一个穷秀才的儿子，就是到外国留学，又能出息到哪儿？"

李四光霍地站起来，真想一拳砸在他那排大黑牙上，但他只是攥了攥拳头，说道："你爹是大官，叫你爹给你想法子吧，找我干啥？"说完，转身走了。

李四光考取了留学日本的指标。家里早已打破往日的寂静，十里八村的人像赶集似的走了一拨又来一拨，母亲一下子年轻许多，走路都是"噔噔"响，弟弟妹妹轮换着往村口跑，登上那块大石头，眼巴巴地望着通往县城的大路，盼着早一点见到哥哥的身影。

"二哥回来了。"小妹一阵风地回家报信儿。母亲、哥哥迎出来，李四光被簇拥着进了堂屋。父亲端坐在八仙桌旁边，李四光向父亲鞠一躬，说："爹，我回来了。"父亲扬扬下巴，示意李四光坐下，说："今天好生歇息歇息，明天我叫来一台戏，家里会闹腾些。"

第二天，李四光家里比过年还热闹，亲戚、朋友、邻居、父亲的学生、李四光的伙伴，把李四光围了个里三层外三层。年过七旬的陈老爹在孙子的搀扶下也来了。见到启蒙先生，李四光疾步迎上，扶他坐在父亲的身旁。

陈老爹牙齿掉光了，瘪着嘴巴说："揆伢子，先前老爹只听说举人进京赶考，如今你这是出国读书，敢情比进京的举子还要高出一等吧。"

李四光见老人说得有趣，跟着众人笑起来。

唱大戏，吃酒席，从早到晚忙活了一整天。客人一一散去，李四光回东厢房准备休息，父亲叫他过去一下。

李四光来到堂屋。不知什么时候父亲把爷爷的画像挂出来，桌上摆着供香，两根红蜡烛已经点上，母亲端上最后一盘炸馃子，父亲说："你回里屋睡吧，我跟揆伢子说会儿话。"

母亲关好门，进了里屋。堂屋里只有父亲和他均匀的喘气声和跳动着的火苗迸出的"噼啪"声，父亲好一阵不说话，像是在酝酿感情。

终于，父亲开口了："给你爷爷磕个头，告诉他，你要出国读书啦。"

李四光照父亲的话，跪在爷爷的像前，磕三个头，站起。

父亲神色庄重地说："仲揆，你十五岁就出国读书，这是光宗耀祖的事情。你不知道，咱们这个家是怎样一步一步地走到今天的。"

"你祖籍在蒙古,你的爷爷是个蒙古人。因为战乱,他只身来到这里。他身无分文,举目无亲,靠着给人扛活儿挣碗饭吃。你爷爷是硬汉子,他一边卖力气苦干,一边跟着东家学着认字,到老年,竟然成为村里最有学问的人。我年幼跟他读书,也是一边读书一边干活儿。那时,我每天到荒郊野岭砍柴,把柴火挑到镇上卖,换几个铜子。看,我手上的刀疤,都是那会儿落下的。"父亲说着捋起袖子,李四光见他的手背、手腕上有七八条刀痕。

　　父亲放下袖子,接着说:"告诉你这些,是叫你不要忘本。圣人曰,做人之道,太上立德,其次立功,再次立言。品行最要紧。你一个人走到天涯海角,都要记住两个字:慎独!万万不可做对不起祖宗的事情。还有,你这个年龄,是读书的最好时机,玉不琢不成器,人不学不知义。到外面读书,要一心无二用,把真本事学到手。"

　　父亲的话,句句刻在李四光心上。他抬头望了望父亲,发现父亲老了,头发已经白了一大半儿,脸上布满皱纹,一颗浑浊的泪珠在眼里,往日的威严不见了,只剩下款款的深情和殷殷的期盼。

　　一个霞光初照的早上,李四光起程了。

　　挨挨挤挤的小木房,"咯吱咯吱"的木屐声,空气里弥漫着湿漉漉的海腥味儿,李四光一踏上异国他乡的土地,就恍如进入另一个世界。这里的男人们不留辫子,女人们不缠小脚儿,先生不穿长袍马褂,见了面儿不磕头作揖;还有,这里的人整天都是急匆匆的,连说话也很少慢声细语。

到日本的第二天,李四光他们在街头见到一个披着长发,头上裹着布条,穿一件宽大肮脏的和服,佩带长刀的人。那人毫无缘由地冲着李四光他们大叫一声:"哈咦!"然后抽出长刀,凶巴巴地盯住他们,摆出一副决斗的架势。李四光他们被吓了一跳,不由得往后退一步,露出惊慌的神情。那人哈哈大笑着放好长刀,扬长而去。同伴儿告诉李四光:这是日本浪人,喜欢与人玩命,以武力征服他人为荣耀。见到这类人还是回避为好。因为日本当局袒护他们,真要与他们发生冲突,没有中国人的好果子吃。这件事儿叫李四光难受好多天。

按照湖北地方政府与日本政府达成的协议,李四光他们一行被安置在东京的弘文学院学习。虽然这是一所学院,却开设初级课程,有日语、数学、理化,等等。这所学院是专门为中国留学生办的,李四光在这里一待就是三年。

5. 加入同盟会

李四光记住父亲的叮嘱,刻苦读书。

可是,周围的气氛却很难叫他一心一意地埋头书本。在李四光的周围有两派人。一派人仍是长袍马褂,头戴瓜皮小帽,脑后拖着油晃晃的辫子。这帮人不学习,吃、喝、嫖、赌样样精通,有的还在外面租房子,养日本女人。他们与学监打得火热,对自己同胞,尤其是像李四光这样没有后台的人,不屑一顾。李四光也顶讨厌这帮人,看到他们就想起大虾米张文庆。另一派人也不怎么专心学习,有时连课都不去听,可是,对集会、结社、演讲、办报什么的特感兴趣。他们剪掉辫子,换上西服,公开宣布与清王朝决裂。

两派视如水火,动不动就打骂一通。

后一派的人总爱找李四光,对他讲"排满""革命",对这些词儿,李四光似懂非懂,就请教他们:"我们是公派留学,学成后回国,要效忠清室,为民造福,为何要排满、革命?"他们不厌其烦地向李四光解释:清政府与民众不是一回事儿,清人统治中国两百多年,把个好好的中华搞得漆黑一团,国土沦丧、民众受难。如今,民主运动的潮流浩浩荡荡,清王朝却死死抱住封建僵尸不放。英格兰抛弃封建制,成为世界第一强国,日本效仿西方制度,成为亚洲第一强国。中国要富强,也必须改弦更张,这就是推翻清政府,建立民国政府。他们还指着李四光头上的辫子说:"仲揆小弟,一个须眉男儿,堂堂正正,却要拖根辫子,在身后摆来摆去,像猪尾巴似的。这辫子就是清政府强加在我们身上的耻辱啊。"

李四光频频点头,他有同样的感受。清晨,当他散开辫子梳理头发时，看到镜子里那个齐腰长发，显得不男不女的样儿，心里总会泛出点点的酸楚。听他们这么一说，李四光更感到拖着根辫子难堪得要死。他立即跑到街上，把辫子剪去。

从街上回来，李四光觉得一下子轻松了许多。不料，一位老乡见到后大惊："怎么，你想赶时髦？剪去辫子，你回国后指什么做官？"李四光摸一摸齐耳短发，呵呵一笑："做什么官，拖着个辫子碍事儿，剪了它才好过新生活。"

"说得好，我们应该过一种新的生活。"李四光回过头，见身后站着一名男子，他皮肤白皙，五官清秀，身材适中，留一个偏分头，穿一身浅灰色西装，显得神采奕奕，风流倜傥。李四光觉得好像在哪儿见过这个人。"认识一下，鄙人姓宋，宋教仁，湖南桃源人。"

"哦，原来是反清义士宋教仁先生。我在报纸上见过你的照片，也拜读过你的文章。"李四光喜悦地说。

"不敢当，我也是刚刚考上弘文学院的学生。"宋教仁还没说完，李四光的老乡就溜走了。

自从结识宋教仁，李四光眼界大开，学识倍增。在宋教仁的引荐下，李四光又结识了另一位朋友马君武。

马君武也是湖北人，比李四光长几岁，他为人忠厚，有长者之风，对李四光很关心，李四光有什么事情也喜欢与他商讨商讨。这样，二人成了莫逆之交。

又一个盛夏到来,李四光到日本一年了。

一天傍晚,马君武跑来找李四光,把他带到一个僻静的地方,悄声告诉他:"孙中山先生来日本了。"

"真的?"李四光瞪大眼睛。

"逸仙(孙中山号)这次来,是要商议大事。教仁兄让我们明日到赤板区开会。明天你不要外出,等我。记住,事关机密,不可走漏消息。"马君武一脸郑重,李四光重重地点了一下头。

第二天,两人来到赤板区一所日式木屋,从外表看,这所房子门面不大,里面却很宽敞。房间里有二三十个人,席地而坐,李四光悄悄地坐在一边。

一位中年男子正在侃侃而谈。马君武附在李四光耳边,说:"讲话的人正是孙逸仙。""孙先生。"李四光在心里喊了一句。他上上下下地打量着孙中山,发现这位身材瘦弱、貌不惊人的男子,与自己心中早已勾画出的高大伟岸、双耳齐肩、两臂过膝的大英雄形象相去甚远。只是孙中山那双眼睛,放射出智慧的光芒,叫人一看就感到是一位气度非凡的人物。

李四光被孙中山的演讲吸引住了。

"救国即是救破船一样,船破下沉的时候,如果大家不齐心协力想着怎么样把船补好,而是只想着扛起自己的铺盖,以防海水打湿,那就是愚人的做法。要知道,在一条沉船上,生命尚且没有保证,扛起铺盖有何用? 所以,诸君在国家危难之时,要团

至不相信这位风度翩翩、仪表堂堂的青年，就是他们日思夜盼的揆伢子。

李四光到武昌县花林“湖北中等工业学堂”做教官。就在他走马上任的第三天，他的学生陈磊来找他，告诉他湖北的革命党人很活跃，不仅在学界有影响，还争取到不少下级军官的支持。他说：“李先生，您是老资格的革命党人，以后有什么指令尽管吩咐，我一定照办。”李四光兴致勃勃地听着，最后说道：“国内的形势我还不熟悉，咱们往后加强联系。”

在学校，李四光一边指导学生的学习，一边秘密从事政治斗争，他与同乡吴昆、熊十力、刘子通一道，定期聚会，商讨反清事宜。湖北中等工业学堂成为革命党活动的一个据点。

第二年，正是农历的辛亥年。8 月的一天，李四光接到北京学部通知，要他于 9 月 2 日到北京学部报到，参加通考。

李四光只身来到北京。这时的北京，昏暗而萧瑟，大有“山雨欲来风满楼”之势。太阳一落山，家家户户关门熄灯，只有清廷的御使军队，鬼影似的在街头巡查。

10 月 10 日晚，湖北新军起义成功，消息传到北京，李四光按捺不住激动的心情，辗转回到湖北武昌。一到武昌就担任湖北军政府理财部参议。

武昌的革命党人正处在极度危急之中。

起义枪声打响后，清政府调军队进行镇压，然而，军队的实际权力操纵在袁世凯手里,清王朝指挥失灵。

　　还是孩子的宣统皇帝,对眼前出现的大清王室将倾的局势茫然无所知,照样骑在太监的背上玩得开心,而他的生身父亲摄政王急得像热锅上的蚂蚁。他清楚地知道,只有袁世凯能对付南方的革命党人,但他对袁世凯却又是恨得要死怕得要命。"这个袁大头,太毒辣!"摄政王从牙缝里挤出一句话。当年慈禧在世时,他出卖变法人士,使光绪帝囚禁而死,谭嗣同饮恨身亡。宣统登基,摄政王见袁世凯权倾朝野,阴险叵测,就以他患有脚气行动不便为由,打发他回河南疗养。刚刚除去心头之患,不料南方又出事端,眼看这场大火愈烧愈旺,北洋军队却按兵不动,连连要求起用袁世凯。"这可怎么是好呢?"摄政王长叹一声,代宣统下一道御旨,命袁世凯率军南征。

　　袁世凯盼的就是这一天。10月底,他的北洋军队逼近湖北的汉口,长江南岸枪声大作,火光冲天。李四光在码头上指挥后备队伍往前线运送军火,他已经几宿没合眼了。北洋军队攻势太猛,革命军招架不住,连连后退。李四光恨不得抱着枪冲上前线,与敌人拼个你死我活。就在这个时候,宋教仁通知李四光,马上到武昌参加紧急会议。

　　就在汉口失守、汉阳告急的时候,其他省份却纷纷效法湖北,宣布脱离清政府的统治。1912年1月1日,革命党人在南京成立临时政府,孙中山先生就任临时大总统。这个政府取国号为"中华民国"。李四光被民国政府任命为汉口建筑筹备员,同时任同盟会湖北支部书记。

孙中山就任临时大总统后,通电独立的各省,设立实业司,尽快恢复正常的生产。他说:"兴办实业是中国存亡的关键。要把那些有才华有魄力的人推选出来,主持实业。"2月7日,湖北军政府组织实业部,李四光被推选为实业部部长。这一年,他仅23岁。

二

　　人生就是一个万花筒，一摇一晃就会变出各式各样
的图形。风华正茂的李四光面临人生的重大选择，他可
以摇身一变青云直上成为达官权贵，可以继续造反成为
叱咤风云的英雄，还可以退出政坛成为明哲保身的庸
人。然而，李四光的志向、情怀、家教、个性，决定着他必
然会选择一条新的人生道路，一条荆棘丛生却又奥妙无
穷的探索之路。

1.风云突变

　　战斗的硝烟还没有完全散尽，武昌城内残垣断壁到处可见，
黄包车的铃声划破黎明时分的寂静，李四光夹着公文包急匆匆
地出来，坐上车子，开始了一天的奔波。

　　摆在他面前的是一个百废待兴的局面。

　　湖北地处交通要塞，又是工业重镇。早年，张之洞在这里主

持洋务,开办了汉冶萍钢铁公司、纱麻布丝四局和造纸、制革、针钉、毡呢等实业;外国资本在湖北兴办的企业有180多家;还有,私人企业也在不断扩大。三股势力支撑着湖北的经济。武昌起义之后,武汉三镇成了战争的火海,战火中,不少工厂厂房坍塌,设备遗失,交通中断,人员四散。湖北的实业,像被抽去筋骨的骡子,瘫在那里。

南京临时政府一成立,就冲着湖北要粮食、要机械、要棉衣、要枪支。南北抗争,中原逐鹿,没有强大的后备物资怎能取胜?南京政府的急电成了催命符,催着实业部部长李四光:快,快,快。

李四光方寸不乱。他走马上任的第一道"手谕"就是治理整顿。他要求湖北各实业单位,在一定的期限内务必开始恢复生产,他的下属职员马不停蹄地奔走于湖北境内的各个工厂。

一个职员沮丧地跑回来,脸上缠着绷带,嘴角滴着鲜血,向李四光哭诉:"他们欺人太甚!"

原来,他被派到一家纺织厂督促整顿,这家纺织厂已经被军队占有,他讲明来意后,军队不但不配合,反而把他猛揍一顿。

其实,整顿实业的阻力不仅来自一个地方、一个部门,过惯旧日子的人打心里不愿改变过去的一切。李四光使出浑身的解数,调动所有的关系,说服、劝告、哀求、恐吓、利诱,解决一个又一个矛盾。治乱世需用重典,对那些趁社会动荡蓄意破坏或贪赃枉法的人，李四光严惩不贷。很快，李四光控制住了湖北实业界乱糟糟的局面。

在桃花盛开的时候，湖北的很多矿山和工厂提前开工了。机器轰鸣，钢花飞舞。李四光在视察轧钢厂时，看到高高的烟囱吐着浓浓的烟云，回忆起自己第一次进省城的情景，那时怎么也不相信石头会变成钢水。想到这里，他不由得笑了。人生真是不可思议啊。

然而，李四光笑得太早了。

1912年，中国政治舞台上风云变幻。阴险狡猾的袁世凯一方面进攻革命党人，一方面要挟清王朝。革命党人底气不足又急于求成，向袁世凯提出，只要他拥护共和，能使清王朝退位，就可以让他做中华民国临时大总统。

李四光对政坛上的变化缺少准备，当他得知孙中山辞去临时大总统的消息后十分震惊，他问宋教仁："教仁兄，在这非常时期，中国怎么能够没有孙中山先生做领袖呢？中山先生德高望重，是革命党的核心，他的辞职会给中华民国带来损失的。"宋教仁朗朗一笑："仲揆小弟，是不是忙实业忙得把民主观念都搞忘了？中华民国是共和制，总统不过是一种象征，孙中山先生可以做，袁世凯先生也可以做，关键是要有一个议会，有一个内阁政府，来制约总统的权力。这样，中国就成为三权分立、民治民享的新兴国家。现在，我正为组阁一事奔走，到时候，还要请小弟在选举上助我一臂之力呢。"李四光认为宋教仁说得有道理。只是,他从感情上不能接受袁世凯。

4月9日,孙中山来到武昌,尽管他已经辞去临时大总统,但在民众心中却有不可替代的位置。武昌人倾巷出动,夹道欢迎,争着一睹孙中山先生的风采。

在欢迎会上,孙中山发表演讲:"对于我辞职一事,外界议论纷纷,说我这一举动是功成身退。其实则不然,因为身退是事实,功成则未必。"听到这里,李四光感到自己突然醒悟过来,什么国民革命已经成功,什么三权分立议会制约总统,中国的事情绝不会那么简单。他想单独与孙中山谈一谈,他有许许多多的话想说一说。

两天后的一个晚上,李四光接到孙中山的邀请,他两步并作一步,跨进孙中山的房间,一见到孙中山那消瘦又疲惫的面容,泪水夺眶而出。他只说一句:"先生,您还好吧?"竟再也说不下去了。孙中山攥紧李四光的手,嘴角抽搐一下,但很快平静下来,说:"仲揆,湖北的实业发展很快呀。"

孙中山闭口不提辞职一事,他与李四光谈起中国实业发展的前景。他说:"我想好了,就去干铁路,中国贫穷落后的一个原因就是交通闭塞,实业薄弱,我计划在有生之年,打通几条大的铁路干线,南北畅达,东西贯通。你们湖北的钢材呀、稻米呀,对,还有武昌鱼,都可以运到全国各地。"

临别时，李四光发现，孙中山眼里的忧郁不见了，脸色红红的，似乎还沉浸在对未来的展望之中。

回去的路上，李四光心潮难平，他想：一位伟人，该有怎样的度量和情怀啊。他不由得想起这样几句话："不以物喜，不以己悲。居庙堂之高则忧其民，处江湖之远则忧其君。是进亦忧，退亦忧。然则何时而乐耶？其必曰'先天下之忧而忧，后天下之乐而乐'乎！"

2. 人生三岔口

袁世凯上台后，时局起着微妙的变化。清朝官员，脱去官服，盘起辫子，戴上墨镜，提根文明棍，就成了中华民国的官员。真像《西游记》里的孙猴子，摇身一变，便是另一副模样。

7月，素有"火炉"之称的武昌，热得叫人透不过气来。贩菜的汉子光着脊梁，江边的孩子一丝不挂地泡在水里，大街小巷污水横流，成群结队的苍蝇"嗡嗡嗡"地在人们的头上打旋，整个武昌都是脏兮兮、臭烘烘的。

李四光的心情比7月的武昌还要糟糕，刚刚兴起的实业又塌了架子。革命军浴血战斗的时候，不知躲在哪个旮旯里的人，这会儿冒了出来，以功臣自居，胸前挂着金质奖章，大摇大摆地来接收工厂、矿山。总督府把实业部当成摇钱树，那些带军衔儿的人,动不动就到这里闹上一通。李四光没有办法干下去了,他想让黎元洪出面干涉一下。

黎元洪原先是湖北新军二十一混成旅统领,他是那种没多大能耐却有做官窍门的人。武昌起义枪声一响,他来不及逃走,就躲起来。由于带头起义的人认为自己官衔太低,怕众人不服,便跑去找黎元洪,把他从床底下拖了出来。当时的黎元洪面如土色,浑身筛糠,听明来意,竟号啕大哭,说道:"你们要害死我呀。"来人好说歹说,才把他扶上马。谁知,山不转水转,袁世凯做了临时大总统,他黎元洪一跃成为一省之长。

李四光把眼前的局势说了一遍,黎元洪一句都没有听,他哪有心思考虑这些事儿,却堆满笑容地打着哈哈:"李长官真是年轻有为,前程不可估量啊。黎某若有幸拜见袁大总统,一准会保荐你青云直上。到那时,黎某还要请你多多关照呢。"李四光气得说不出话来。

第二天,李四光把辞职报告递上去,黎元洪一阵欣喜:哼哼,到底是白面书生,想在这个坑里混,嫩着呢。但是,他并不马上接受辞职申请,反而温语慰留,说是李部长要离职,那么湖北的百姓还能靠谁呢?李四光已经看透了黎元洪的鬼把戏。"官场上的这套东西,叫人恶心。"李四光愤愤地想,他决定不再理会。果然,到了8月8日,他的辞职报告被批准了。

无官本是一身轻,李四光却心事重重,他学会了抽烟。

晚上，他关上门窗，坐在漆黑一团的屋子里，闷闷地抽烟。盯着忽明忽暗的烟头儿，他苦苦地思索着自己的人生道路，路在哪儿呢？

"当，当"，几声很有节奏的敲门声："仲揆小弟在吗？""是君武兄。"李四光鱼跃起身打开门。

"咳，咳。好大的烟味。你在这云雾里做神仙哪。"马君武笑着进来。

"能做神仙就好了，我在做和尚，正参悟人生呢。"李四光自嘲道。

点上蜡烛，二人坐定。李四光把几个月的苦闷倒出来，说："我对仕途已经没有兴趣，官场污浊，污吏横行，与那帮人为伍是一种耻辱。可是，我又不甘心这样碌碌无为地混下去，今后，怎么做是好呢？"

马君武静静地听完李四光的话，想了想说："上次见到中山先生，他也提到如今的情形。他有个想法，想向当局提议，采取公派形式，让那些对革命有功的人出国留学。不知你还想不想出去学习。"

"能到国外读书，真是求之不得。这些天来我一直在想，力量不够，造反不成，真是一肚子的晦气。能够再去读几年书，也为将来准备一份力量。八年前中山先生送给我一句话：'努力向学，蔚为国用。'如果能出国深造，是再好不过的事情。"

年底，李四光收到赴英国留学的公文。他着手准备。转过年来，从上海传来一个令人十分痛惜的消息，他的引路人宋教仁遇刺身亡。李四光急匆匆地赶到上海参加葬礼。他想起那次与宋教仁诀别时，宋教仁英姿勃勃、踌躇满志，那舍我其谁的气概。可是，他的所作所为触怒了袁世凯，袁世凯就指使手下将他暗杀了。中国的民主事业，何等艰难呀。

1913 年 7 月下旬，李四光带着一颗几乎破碎的心，离开灾难深重的国土。他要走一条新的道路，一条"科学救国"之路。

3. 换上学生装

碧空万里，烟波浩渺，一艘商船驶进大西洋的英吉利海峡。李四光凭栏眺望，一群海鸥掠过海面，朝着朝霞升起的地方飞去。此番再度留洋，李四光有着别样的心情，一路上，他不断地问自己：再有几年就满三十岁了，三十而立，你将立于何地？

"仲揆兄，决定到哪所学校读书？"丁西林问他。

李四光与丁西林乘同一渡轮赴英留学，二人又住同一船舱。在海上颠簸的日子里，他们交谈得最多。丁西林小他几岁，个子不高，长着一颗大脑袋，里面塞着许多的掌故、传闻、名人逸事。他还擅长表演，学西太后走路，学袁世凯训话，学得惟妙惟肖，逗得人们前仰后合。这会儿，他也俯在围栏上，想与李四光谈一谈眼前的事情。

李四光回答他："英国最有名的学府首推剑桥、牛津，只是收费太高，不是我等穷学生可以问津的，我想到伯明翰大学读采矿。听说，在欧洲称得上执牛耳的地质采矿专业当属伯明翰。"

"听你这么一说，我也应该报伯明翰大学，那里的物理学专业也是出类拔萃的。"

"你的文学造诣很深，又写过剧本，创作过小说，为什么不选择文科？况且，英国又是沙翁的故乡，那里的艺术氛围一定很浓郁。"

"你的文笔也很好，我读过你的诗，也看过你的文章，不仅言简意赅，文采飞扬，而且气度非凡，称得上大手笔。弃文从理，岂不可惜？"

"西林小弟过奖了。我是个性格内向的人，比较务实，还是与石块打交道为好。"

"你学采矿，我学物理，咱们不正相得益彰吗？"

"小弟说得对，咱们进军伯明翰。"李四光开心地笑了。

伯明翰大学的校园很美，绿茵茵的草坪上间或有一丛丛的鲜花，一弯小溪银缎般地在春日的阳光下抖动，灰白色的教堂庄重典雅，不时飘来一阵阵悠扬的歌声。李四光与丁西林分别考入地质系和物理系，两人在校外合租一处公寓。

李四光重新回到课堂。可是，第一堂课下来，他就发现情况不妙:教授用略带伦敦地方语音的英语讲课,听得出语调清晰语言流畅,但就是听不懂讲些什么。李四光在日本学过英语,那是日本老师教的,只能说是日本式英语。如果教授一字一板地讲,而且能重复几遍,他还能明白大意,可是教授不可能针对他一个人讲课。他费力地捕捉教授的每一句话,感到脑袋木木麻麻的,十句里面才能弄懂两三句,李四光感到从未有过的尴尬。

终于熬到晚上,李四光回到公寓,冲了个冷水浴,燃上一支烟,躺在床上。

"不行,我得设法闯过语言关。"李四光猛地摔掉烟头,翻身下床,从皮箱里拿出一个皮包。

里面装着他所有的费用。当过实业部部长的他,对理财颇为内行。他把带来的钱分作五类,学费、书费、房租、日常生活费用、意外费用,并依次装在皮包的五个口袋里。装学费的口袋已经瘪了,书费也已用去很多,房租不能动。他的手伸向第五个口袋,可一想到自己远涉重洋孤身一人,不能没有应急的钱,于是又摸了摸装生活费用的口袋,少吃点、穿破点没有关系,先把学业搞上去。想到这儿,就从日常生活费中拿出 8 英镑,来到房东老太太的屋里。

"夫人,可以请你帮助我补习英语吗?"李四光彬彬有礼地问。

房东老太太笑着说:"听得出来,你的发音不够标准。没有关系,我可以辅导你。"

每天傍晚,李四光与房东老太太在落日的余晖里相向而坐,有问有答。一年里,老太太不止一次地说:"李先生,我辅导的许许多多的留学生,有来自日本的,也有俄罗斯的,有白人也有黑人,你是最刻苦的,也是最虚心的。"李四光淡淡一笑:"我们中国有句谚语,叫笨鸟先飞。我不聪明,年龄偏大,学东西有些吃力。夫人,您如此认真地辅导我,我没有理由不好好学。"

闯过语言关,又一个难题摆在李四光面前:大学一年级开设高等数学,数学教授讲课速度快,又喜欢出些深奥的难题留给学生演算。为了解其中的奥秘,李四光常常冥思苦想。丁西林毕竟年轻些,基础又好,很快演算出来,对李四光说:"仲揆兄,别为它费时间了,抄一下算了。"李四光摇摇头。丁西林开起玩笑:"人生啊,谁说得清。当年八面威风的实业部部长,如今为一道小小的习题犯难。"李四光被他逗乐了,说:"实业部部长可以不当,这道习题不可不做。小弟,等着瞧吧,愚兄非把它拿下不可。"

待李四光把全部作业都完成时,丁西林已经发出轻轻的鼾声。李四光收好文具,长长地伸个懒腰,走过去帮丁西林掖好被角,抬头一看,时针正指着夜里两点。

4. 琴弦上的颤音

李四光在伯明翰大学读了一年采矿专业,第二年转入地质专业。他在致友人的信中写道:学采矿固然很好,毕业后能谋一个薪水很高的职务,但是,如果对地质没有深入研究,将来充其量只能给外国老板当雇员。中国的地质领域,是一块尚待开发的处女地。学采矿,于个人前程有利;学地质,于国家有利。权衡再三,还是选择地质。

不久,李四光感到自己转入地质专业的决定完全正确。

地质教授包尔顿,不仅在学术界闻名遐迩,而且在教学方法上有独到之处。他上课的场所不固定,有时在教室,有时在实验室,有时在草坪,有时在自己的家里。学生和老师围坐在一起,包尔顿教授开始提问题。他提的问题既尖锐又深刻,如果事先没有阅读大量的资料,就可能被他问得张口结舌。不少学生害怕上他的课,李四光却非常喜欢这种教学方式。为了准备回答教授的问题,他每日要阅读大量的书籍。很快,包尔顿教授注意到了这位从东方来的学生,对他回答的问题,常常满意地点头说:"OK(好)。"其中一堂课,有位学生留心一数,包尔顿竟然对李四光说过 24 个"OK"。后来,班上的同学们开玩笑地送他一个绰号:"OK 李"。

包尔顿教授不回避自己对李四光的器重。他把助手威尔士找来，吩咐道：中国来的李四光，是个勤奋好学的人，你可以多辅导他。威尔士是位青年教师，活泼开朗，与李四光相处得很好。

假日，李四光受到邀请，到威尔士家中做客。这是一个阳光明媚的天气，李四光来到时，受到威尔士全家的欢迎。威尔士的小儿子望一望李四光的脸，问父亲："叔叔与我们不一样，怎么长着黄皮肤、黑眼睛？"李四光笑着说："我们是由不同的猴子变出来的呀。""哦，我懂了，你一定是一只金丝猴变成的。"看他那副认真的样儿，家里的人乐了。

午饭后，威尔士提议举办家庭演出会，孩子们高兴地跑到楼上梳洗打扮。女儿穿着天鹅绒裙子，扮作小红帽，跳起芭蕾舞；大儿子唱一首英国乡间小调；小儿子戴着三角帽，画个大嘴巴，扮成马戏团的小丑，在父亲的帮助下表演空中抛球。李四光也兴趣盎然，背诵李白的诗词《蜀道难》，最后是威尔士夫人的小提琴独奏。当她拨动琴弦时，李四光立刻被小提琴奏出的乐曲吸引住，这声音忽而似山间清泉，忽而像林中鸟鸣，忽而又似少女的欢笑，忽而又像凄厉的长风，震撼了李四光的心灵，他感到眼前的一切都变得圣洁、美丽起来。

回到公寓，李四光久久不能平静，耳旁依然回荡着小提琴的弦乐，他设想自己拉小提琴的样子。"为什么不能呢？那是一件多么美妙的事情。"他到旧货市场买了一把小提琴。房东是个小提琴爱好者,主动向他传授技能。李四光学会了拉提琴,他陶醉在美妙的乐曲中。

然而,琴弦上流出的往往是些忧伤的曲子。离别国土业已两年,那些并肩战斗过的志士在何处漂泊?中山先生处境怎样?老父亲身体好吗?哥哥嫂嫂能否支撑起家庭?站在窗前,遥望被浓浓云雾锁着的天宇,李四光借着琴弦吐出思乡之情,他多么想回去看看亲人啊。

思乡之愁未了,生活困境又来。1914 年,第一次世界大战在欧洲闹得正凶。老大的英帝国,一向以日不落帝国自居,却经常遭到新近崛起的德意志帝国的挑衅,德、奥结成同盟,不仅要挤掉英国在欧洲的霸主地位,还在英属殖民地蚕食鲸吞。英、法、沙俄组成协约国,在欧洲大陆与德、奥展开一场前所未有的大战。

虽然战火没有在英伦三岛燃烧,但是,当权者为了支付巨额的战争费用,就加紧勒索,导致物价飞涨,普通人家的生活水平急剧下降。本来就很节省的李四光,为了省下一个便士,不得不更加精心安排自己的支出。煤源紧张,公寓里的暖气停了,房东摊开双手耸耸肩,请他们原谅。李四光能够理解,夜里,他裹着毛毯在冰冷的房间里读书,饿了喝口水,冷了站起身跺跺脚,硬是苦苦地支撑着。

屋漏偏遇连阴雨。中国驻英使馆下了一纸公文,供给留学生的费用无限期地往后拖延。留英学生到使馆哭闹一气，没有结果，有的人不得不中断学业，打道回府。丁西林问李四光打算回国吗，李四光坚定地说："不回去，学业不成不能回，不能半途而废。"李四光挨到假期，到郊外矿山找了一个下井挖煤的活儿。

在井下，李四光看到了世界的另一面，这里的人，常常要做十几个小时的苦工，在狭窄的坑道里，工人们在地上爬着，把一筐一筐的煤拖到井口。每次从井下出来，工人们来不及更换工作衣，带着一脸的煤灰扑向酒馆，先大口大口地灌一肚子啤酒，好补一补消耗到极点的体能。望着堆积的煤炭，望着酷似"黑鬼"的工人们，李四光心里堵得慌，工人们太苦了。

5. 两顶帽子

挖了一个暑假的煤，李四光脱了一层皮。新学期开始，他揣着挣来的血汗钱，又回到课堂。

1917 年 7 月，李四光通过考试，获得学士学位。学士学位是学位群中的小弟弟，在英国，凡获得这一学位的人，都会得到一顶黑呢子做成的方形帽子。授学位的仪式上，包尔顿教授把四方帽子戴在李四光头上。李四光一阵欣喜，三年光阴，三年的苦和累，换回这顶方形小帽，值！

获得学士学位后,有的同学急急忙忙地找工作,有的同学打算深造。又一个暑假到了,准备谋职的人早早离开学校,留下攻读的人结伴外出旅游,往日人来人往的校园一下子安静许多。花红柳绿,引来各种各样的鸟儿,李四光走在洁净的小径上,看着一群群小鸟自由自在地飞翔,心头充满欣喜。这个假期,他准备编写绘制一幅中国若干地区地质情况的路线踏勘图,所以,得天天泡在图书馆里。

伯明翰的夏天实在难挨。李四光想,武昌的夏天也很热,但不像这儿,这里的温度不算很高,但湿度很大,潮湿的空气裹在人的身上,像是穿了一层紧身衣,体内的毒素不能很快排出,叫人心里烦闷,难怪同学们一到假期就避难般地想法离开这里。

李四光腿上长了个疖子。开始,他不在意,疖子越长越大,竟像小馒头似的鼓起来,走路时稍稍一碰,痛得钻心。他没有去看医生,自己操刀切除疖子。李四光把刮胡刀放在盐水里浸一下,再放在火上烤一烤,算消了毒。他又把红肿的腿搁在凳子上,一咬牙,挖掉疖子,脓红的血流下来,疼得他浑身打战,猛然想起《三国演义》里关公刮骨疗毒的故事,心里说,英雄真是不好当。为了省下一点儿钱,李四光用这种近乎残忍的办法治疗外伤,以致腿上落下一道深深的疤痕。

地质踏勘图编写好了。开学后,李四光把它交给包尔顿教授。教授在踏勘图前默默地站了好一会儿,抬起头说了一句:

"李,你可以写论文了。"

写论文,是搞研究的人向社会公布自己成果的一种形式,刚刚戴上学士帽的李四光听到教授的这句话,兴奋得两眼放光,他对自己很有信心。

写论文的第一步是选题。虽然在科学园里地质学只能算是一株嫩芽,但经过一百多年的积累,也有极丰富的资料。如果沿着欧洲地质学家探索的路子走,比较容易获得成果。而且,包尔顿和威尔士也建议他根据现有的资料写论文,可李四光不想在欧洲人研究的圈子里打转转,他着了魔似的迷上中国地质研究,经过反复思考、筛选,他确定把中国的地质作为自己的研究课题。

包尔顿教授听了他的想法后说:"李,你选的是个大题目,里面有许许多多的文章,只是资料太少,写起来有些困难。"果然如此,李四光把图书馆里所有关于研究中国地质的书都找出来,发现可供参考的东西不多,而且都是外国人写的。偌大的中国,有五千年文明,竟然没有一本关于地质方面的专著,李四光感慨之余,胸中升腾起一股热浪,要填补空白,搞出中国的地质学。其实,他认为古代中国也有地质地貌的论述,像童年时读过"沧海桑田""火行于地"的词句,《山海经》里也有不少关于地质方面的记载,只是这些东西支离破碎,星星点点,不成体系。

经过一年的收集、整理、修改,李四光的第一篇论文《中国之地质》定稿了。

在学校的小会议厅,举行李四光论文答辩。伯明翰大学的地质教授们都来了,牛津大学的地质权威也被邀请来了。往日不拘一格的学者们,这会儿都穿戴整齐,神情庄重地坐在考官席位上。李四光坦然地站在答辩位置上,用清晰的语调宣讲自己的论文。首先,他肯定中国古代思想家已经注意到地球的内部结构和演变的状态;又谈到近代西方地质学家在中国地质研究中做的大量开拓性的工作;然后话语一转说道:"今天,我们要求新一代炎黄子孙认识到自己肩负的责任,也许并非为时过晚。一方面要为纯科学的发展而尽力,另一方面,要用得来的知识,直接或间接地解决有关工业问题。"

在做好铺垫后,李四光谈到自己对中国地质的认识和见解,他的每一个论点都建立在大量的实物资料上。李四光越讲越兴奋,似乎不是在宣讲论文,而是在向客人们展示自己家里的珍品。

教授们听完,交换一下眼神,开始提问。问题像连珠炮一般,有些还是偏怪艰涩的难题,好在李四光早已接受过这方面的训练,他不愠不躁,有条有理地回答各类问题。时间悄悄流逝,激烈的提问缓缓地停下来。最后,教授们通过了李四光的论文答辩。

要接受硕士学位了。这次授学位的仪式非同小可。校长亲自出席,鼓号齐鸣,彩旗飘飘,这是伯明翰大学的节日,也是李四光的节日。李四光第二次戴上四方帽,他在一年的时间里两次戴上四方帽,包尔顿教授紧紧地拥抱着他,连连说:"OK 李,OK。"

总算可以轻轻松松地旅游了。李四光早就想做一次长距离的考察,古人说,"读万卷书,行万里路",学地质的人,要到深山大川去走一走,看一看。在校苦读的日子里,李四光不止一次地向往远方,可又不止一次地按捺住自己,没有书本知识,怎么指导实践。现在,可以到外面考察了。

从野外考察回来,包尔顿教授正等着他呢。教授交给他一封电报,说是印度有家大公司来电,希望伯明翰大学推荐一位地质工程师,并且工资、待遇极其优厚。包尔顿又补充道:"当然,依我的本意,你最好能留下来攻读博士学位,但我了解你的处境,这份工作对你很重要,它能解决现实问题。至于攻博,还有机会,我随时等你。"

包尔顿教授只了解李四光生活窘迫,却不知他还有难言之隐。几年来,李四光心里有块化不开的情结,他无时无刻不在为自己的家庭担忧,父亲老了,弟弟妹妹尚未立事,家里的景况一日难似一日。作为儿子,不能让老人安度晚年;作为兄长,不能让弟、妹专心学业,是罪过啊。每当想到这里,李四光都要强忍忧伤,只盼有一天能加倍偿还这笔良心债。有了这份薪水极优厚的工作,李四光舒了一口气。

"电报!"丁西林找到他,也交来一份电报,打开一看,原来是中国地质界的创始人之一丁文江先生的邀请电,上面写道:蔡元培先生到北京大学任校长,殷切希望海外学子学成后回国,到北京大学任教。

"回国去,有力气在自己国土上施展。"李四光谢绝了包尔顿教授的推荐,开始打点行装。

三

汉字是谁创造的？是仓颉。"䗴"字是谁创造的？是李四光。䗴科研究是李四光为世界地质学界献出的第一份礼物。

三十多岁的李四光收获幸福。

1. 旧貌换新颜

1920 年元旦刚过，李四光离开英国到法国巴黎，他受到邀请，参加中国留法学生勤工俭学联谊会，并且发表《现代繁华与煤》的演讲。然后告别巴黎，乘火车走柏林、莫斯科，翻越乌拉尔山，跨过波涛汹涌的黄河，回到阔别六年的北京。

安顿好住处，李四光准备见一见北京大学的校长蔡元培先生。蔡元培的名气很大，被世人称作中国教育界的泰斗，李四光对他仰慕已久，只是还未见过面。

第二天清晨，李四光为拜见蔡元培做准备，他选一套浅灰色西装,系一条驼黄色领带,外面披一件深灰色风衣。收拾停当,乘车赶往北京大学。

一下车就看见学校大门口站着一排人,为首的那一位稍胖,穿一袭长袍,留着胡须,戴副眼镜。

"是从英国回来的李四光先生吗?"那人向前一步,拱一拱手,谦和地问道。

李四光一愣,心想,我刚回来,还不曾通知友人,怎么……他茫然地点了点头。

"我是蔡元培,专诚在这里恭候李先生。"

"啊,是校长阁下。"李四光惊喜万分,张大嘴巴不知该说什么。

蔡元培又一次拱一拱手,说:"介绍一下,这是教务长,这是总务长,这位是给你发电报的丁文江先生。"

他们一行来到会客室,寒暄之后,转入正题。蔡元培先生说:"北大尚处创建阶段,万事艰难。好在这里人才济济,各位同人尽心尽力创办教育。李先生学贯中西,又专攻地质,你的到来,是学校的荣幸。只是,北大的地质专业极其薄弱,李先生重任在身哪。"

话不多,但李四光倍感亲切。就在校门口得知蔡元培先生亲自迎候他的那一刻,他就感到了蔡元培先生对他的"知遇之恩",听了这番话,又陡然增添了对新生活的渴望。

丁文江先生带着李四光去北大地质系,当走到一座庙宇时,停住脚步,说声:"李先生,到了。"

"到了?"李四光看一眼破旧不堪的庙门,门上面有块大匾,上写着"马神庙"三字。他又疑惑地看了看丁文江。

"这就是北大地质系。"丁文江带他进去,里面的院落倒不小,只是坑坑洼洼、高高低低,左边一堆垃圾,右边一坑污泥,刚露头的小草上面盖着一层尘土,像老和尚头上的疤癞,青不青黄不黄的。两边各是一溜厢房,丁文江介绍,这些房子有的做学生宿舍,有的是教室。后院还有一座大殿,现在改做礼堂。李四光随丁文江来到后院,进礼堂一看,里面黑乎乎的,几束光线从房顶射下来。原来,房顶上有几处窟窿。

"咱们到标本室看一看。"李四光提议。

丁文江面有难色:"系里还没有标本室。"

这就是北京大学的地质系。

要尽快改变这里的面貌,李四光想。他用几个晚上的时间,制定了一套改建地质系的方案,配上设计图,交给蔡元培校长审阅。

丁文江听到后坦诚地告诉李四光,北大财源短缺,经费极度困难,校长每每为学校的各种开支犯愁,改建地质系,怕是有其心无其力啊。李四光听后,有些后悔,不该急匆匆地把方案交上去。

蔡先生与李四光面谈。他对改建地质系的方案很有兴趣，李四光却表示把这事儿往后搁一搁。蔡先生说："投资兴办教育，是百年大计，经费问题由我考虑，李先生只管按照设计去做吧。"

　　要改建地质系，师生们热情很高，他们为了节省开支，决定自己动手。李四光不仅是设计师，还成了领工。在他的带领下，学生们丈量土地，平整校园，植树种花，修墙铺路。在校园中心，他们堆起一座高高的石台，石台上面安放一架用作测定时刻的日晷，石台的四面，是四块石板，上面分别刻着四句话，正面刻一句"仰以观于天文"，背面刻着"俯以察于地理"，左侧是"近取诸身"，右侧是"远取诸物"。石板下是用碎砖烂瓦铺成的四条小路，有的通向教室，有的连着正门。小路两旁分别栽着冬青和刺柏，四周的空地，有的整成草坪，有的修作球场，西廊下的几间小破屋，修修补补，成为学生的澡堂。大门粉饰一新，地质系的牌子挂起来了，不知谁弄来两尊石狮子，摆放在大门口，威威武武，气气派派，平添几分神气。

　　蔡元培校长参加竣工仪式。他环视面貌一新的校园，由衷地说了一句："李先生实乃我北大的栋梁之材。"

2. 石头里的虫子

李四光讲授"岩石学"。他提了一袋子石头走进教室,学生们早已等候着,他们喜欢听李先生讲课,只寥寥数语,就把学生带进一个洪荒远古的地质时代。

今天,李四光登上讲台,"哗啦"一下,把石头倒在讲桌上,说:"每人上台拿块石头。"学生们拿着石头,翻来覆去看个遍,又把目光集中到李四光身上。

李四光吩咐:"对照前日的笔记,辨别一下拿的是什么石头。这种石头形成于哪个时代?石头的特征是什么?"

学生们翻开笔记,看了一会儿,有人还拿着石头舔一舔,咬一咬。

"我这一块是石灰岩,形成于震旦纪,距今有六亿多年,这种石头质地十分坚硬。"前排的喻建章站起身回答。

李四光点点头,接着问:"你再说说那时我们这里的气候特征和地质面貌。"

"震旦纪的后期,中国的北部,也就是北京一带,气候温暖、湿润,有海,也有陆地,海水里有不少藻类和低等生物。"

"先生,既然有生物,岩石上会不会留下生物的残骸呢?"

说话的是杨钟健,自从跟着李四光学岩石学,他就对古生物化石产生了浓厚的兴趣。李四光就喜欢这种刨根问底的学生，于是就说："杨钟健提出一个重要的问题，石头上到底有没有古生物的残骸呢？咱们来看一看。"

他摆上一台显微镜，把石头放在显微镜下，让学生们依次观察。

显微镜下的石头真好看，纹路粗细不一，深浅有致，可是，没有发现生物残痕。

于是，李四光转入正题："采集石头容易，收集标本很难，把带有古生物残骸的石头制成标本，尤其难。"他从皮包里取出一个小盒子，打开，里面是一片薄薄的石片："看，这就是一个带有古生物化石的标本，它的厚度只有 0.03 毫米。"

真不可思议，石头竟然磨制得像纸一样薄。教室里一阵窃窃私语。李四光把这片标本放在显微镜下，再让同学们看一看。

杨钟健第一个跑上讲台："啊，我看到了，是虫子，上面有明显的虫子的残骸。"大家都围过来，通过显微镜，看到石片上一个两头尖、中间粗的虫子，虫子的脚像丝一般细。

从讲台上下来，学生们兴致勃勃的，都想听一听先生的见解。

"这种虫子叫纺锤虫，最早是一位外国地质学家发现的，你们看，它的外形很像乡下老太太捻线用的纺锤。所以，就把它叫作纺锤虫。这是一种单细胞动物，存在于三亿五千万年到两亿三千万年的石炭二叠纪时期。在那个时期，正如喻建章所说，这里是一片沉寂的海洋，纺锤虫就生活在海底，自由自在地伸缩爬行，繁衍生息。有一天，纺锤虫绝迹了，但它们的遗体还在。地质变化，海水退却，岩石兀现，虫子的残骸留在岩石上，今天，我们把它采集过来，掸去上亿年的风尘，叫它重见天日。"

下课的铃声响了。杨钟健不想离开教室，他来到讲台上，一边帮助李四光整理标本，一边问些问题。李四光懂得他的心思，自己在伯明翰大学读书时何尝不是如此？于是，亲切地说："你提的问题不是三言两语说得清的，晚上到家里去，咱们好好聊一聊。"

晚上，杨钟健敲开李四光的家门，李四光带他参观自己的工作间。嗬，好一个石头天地，有黑石、红石、黄石、白石，有条石、柱石、圆石、块石，大的比磨盘还大一些，小的像颗豆子，还有一些石块，装在玻璃盒里，下面还垫着丝绒手帕。

杨钟健"扑哧"笑出声来："先生，见这些盒子，我想起家里老母亲摆放的神龛，也是这么精细，还要天天擦拭。"

"这些石头也是我心里的神灵。看，这块石灰岩，是我跑到玉泉山采来的，采这块石头，我翻进沟里，幸亏有块大石头挡住，要不，怕再见不到你们了。"

听到这话，杨钟健心里一阵感动。从工作间出来，他们来到院子里的石磴前坐下，李四光讲起正在研究的课题。

"今天给你们看的纺锤虫,是个了不起的东西,它能知道煤的形成情况。我在北京郊外,采到含有这种虫子的岩石,通过切片我发现,这类虫子的外形不仅仅是一种,还有其他形状,有的圆圆的,看上去像蜗牛,有的像海鞘,是壶形的,把这些形状的虫子都称作纺锤虫,显然是不合适的。"

李四光停住了,想了想问杨钟健:"你知道在中国把纺锤叫什么吗?"

"叫筳。"杨钟健脱口而出。

"对,如果在筳字的旁边加个虫字,该怎么理解?"

杨钟健想不出来,挠挠头,说:"这……"

"仍然可以读作 tíng。蜓还有一层更深的含义,就是纺锤虫一类的虫子。这类虫子可以是长形,也可以是圆形,只要它的内部构造一样,都可以归作蜓,我把这些虫子称作蜓科,凡是含有这类古生物的岩石,其地层中都有可能开采出煤炭。"

起风了,北京夏日的夜晚,给人们送来几许凉意。杨钟健与先生一席长谈受益匪浅,他恋恋不舍地告辞。李四光又回到工作间,他正在着手撰写如何鉴定蜓科的论文。

1923 年 1 月,中国地质学会第一次年会上,李四光宣读他提交的论文《蜒蜗鉴定法》。当他讲到把发现蜓科的第一个新属称作包尔顿属时,到会的专家受到感动,他们不仅发现李四光具备科学研究人员那种卓尔不群、独辟蹊径的思维方式,而且还感受到他那种为人处世的美德。

李四光声名大振,世界地质学界预言,李四光将是中国地质领域的一颗新星。

3. 并蒂莲

就在李四光选定蜓科研究课题时,他的父亲来到北京。能亲自服侍父亲,李四光很高兴。早上,他起身的第一件事就是到父亲的房间里问候一番;晚上,他要亲眼看到老人上床休息,才肯离开。父亲偶有风寒,李四光就忙着请医生,端汤端药,尽心照料。一天,有位远方亲戚来看望李老先生,见李四光正斜坐在床边给父亲轻轻捶背,羡慕地直咂嘴,说:"老哥,好福气啊,有这么一个当大教授的儿子,儿子还这么孝顺。"

李四光安顿好客人离开了。李老先生长叹一声,说出一桩心事儿。李四光已经三十出头,还是一个人,整天只知道与石头打交道,当爹的心里急着呢。

客人不相信,说:"仲揆学富五车,又长得一表人才,莫说在咱黄冈县城,就是在这京城里面,有几个人能比得上?怕是老哥不知这其中的内情吧。"

李老先生摆摆手:"我来这里快一年了,从没见过他跟哪个女子有交往。知儿莫过父,他的事儿,是我给耽误啦。"接着,李老先生讲起一段隐情。原来，李四光有过恋人，但被父亲活生生地拆散了。

那是 1907 年，李四光 18 岁，他考取日本大阪高等工业学校后回国探亲。当时的他，风华正茂，才情非凡，举手投足，都充满着朝气和活力。因为父亲在回龙山镇教书，他就住在学校。学校的四周是田野，举目望去，稻花飘香，蝶飞蜂舞，前面有条小河，河两边是弯弯的垂柳。李四光沿着河边走，不远处，有位姑娘在树下作画。

这位姑娘落落大方，见李四光走来，就起身迎道："李先生，回到乡下住还习惯吧?"从交谈中得知，姑娘叫张清和，出身黄冈县的望族之家，父亲是清朝前期的探花，还是有名的画家。张清和自幼学得绘画，又喜欢赋诗填词，是位新女性。平日里素装淡抹在田间作画，招来了一些非议。

李四光和张清和一见如故，分手时都有相见恨晚的感觉。当李四光把心思透露出来时，父亲勃然大怒，吼道："不行！我李家不能要那种妖娆女子。"李四光还想挽回，李老先生态度强硬，认为儿子与张清和交往，有辱门风。张清和得知后一气之下远走他乡，李四光受此打击，决心一辈子不再提"婚姻"二字。

随着新学渐盛，风气开化，李老先生后悔自己的举动。可是，一切都晚了，张清和已是别人的媳妇，李四光也不再提及婚姻大事。老先生觉得对不住儿子。多少次，他半夜坐起来，隔着窗棂，直直地望着儿子工作间的灯光，两行老泪挂在腮上，心里一个劲儿地说：仲揆呀，你当真就一个人过日子吗？

朋友们也不断向李四光提到这事儿，可是，一接触到这个话题，李四光总是微微一笑，转到其他的事情上来，大家都替他着急：李兄何日才肯结良缘？一个周末晚上，化学系教授丁绪贤约李四光参加北大举办的赈灾义演。谁都知道，他的小提琴独奏近乎专业水平，义演会上有他的节目。

李四光的一曲柴可夫斯基的独奏曲，赢来阵阵掌声。义演的最后一个节目，是贝多芬的交响曲，钢琴演奏是许淑彬。

许淑彬款款走来，沉静安然地坐在钢琴前，一双纤细的手在黑白分明的琴键上滑动，那行云流水般的乐曲，带着李四光进入一座高远、恢宏的殿堂，他陶醉在这雄浑壮美的交响曲中。

许淑彬以优雅娴熟的手法，收住最后一个音符，缓缓站起身，向听众深深鞠躬。李四光从乐曲中醒过来，轻声问："这位女士弹得好极了，是咱们北大的教师吗？"

"不是。她是北京女子师范大学附中的音乐教师。"丁绪贤回答，又意味深长地补充一句，"她也是一个人生活哟。"李四光笑了。

回到家，丁绪贤迫不及待地把义演会上的这段插曲讲给夫人听，夫人高兴地拍起手："甚好，甚好。许淑彬是我的老乡，性格沉静，才学甚高。以前我怎么没想到介绍他们两人认识呢？

他们应该是上帝安排好的一家人。我这就去撮合。"

还有什么可说的？二人的品行、修养、学识、才华，乃至性情、相貌，不管从哪方面说都是珠联璧合。1923 年 1 月 14 日，34 岁的李四光与 26 岁的许淑彬在北大举行结婚典礼。蔡元培先生来了，他是证婚人；丁绪贤夫妇来了，他们是主婚人；丁西林、王世杰等都来参加婚礼，马君武托人带来贺礼。婚礼最后一项，许淑彬打开钢琴，李四光拿起提琴，四目相对，含情一笑，《一路平安》的音符，与满屋子的红烛一起跳动。

月儿弯弯，星光灿灿。北大校园的蜡梅，正吐出沁人心脾的清香，真是一个醉人的夜晚。

一年后，女儿熙芝来到人间，她长得像妈妈，白皙的皮肤清秀的脸；她长得像爸爸，宽宽的额头明亮的眼。看着孙女甜甜的笑靥，李老先生心满意足了。

四

庐山的朝霞庐山的峰,庐山的云雾庐山的景,庐山是一首诗、一幅画,更是一团迷雾。李四光三上庐山,轻轻撩开庐山面纱,向全世界宣布:看,中国的第四纪冰川就在庐山。

1. 条痕石

1921 年 4 月,按照教学计划,李四光带着学生外出实习。

火车在邢台站停下,师生一行跳下火车,整理好行装,朝东北方向走。

好大的华北平原,一望无垠,黄的是沙,绿的是田,走上三五里地就能看见一处绿树环抱的村庄。

就在李四光他们横穿沙河盆地时,一位学生喊道:"快看,前面有座山。"

"看花眼了吧,大平原上哪儿来的山?"不少同学不理会。

"那就是一座山。"

大家停住，向东南方向看，不远处，果然有个小山包。

李四光告诉大家，那山叫沙源岭，是地壳运动造成的凸出部分，华北平原有很多这样的小山。其实，它不能叫山，像个小馒头似的，只是平原上的人难得见到大山，都把这唤作岭。"咱们走过去看看。"李四光挥一挥手。

没走多远，地上是一堆堆乱石头，那石头横七竖八地摆着，大大小小，没有形状。

"哎哟。"一个学生被石头绊了一跤，他爬起来憋足劲儿去踢那块石头。

"别动。"李四光弯腰捡起石头，在上面抹了又抹，递给学生，说，"看，上面是什么？"

"没什么呀。"那个学生觉得是一块很平常的石头。

同学们围过来。喻建章拿过石头，说："我来看看。咦，这石头上面有些道道儿。"他一嚷，大家都争着看，石头的一面有刀劈斧砍的痕迹。

这地方前不着村，后不挨店，除了石头就是荒草棵，谁会在石头上刻道道儿呢？

"是原始人留下的杰作吧？"有人半开玩笑地说。

"不会，要是原始人干的，考古学家早就验证了。"有人很认真地说。

李四光又提出一个问题:"这里离太行山麓有近百里,这些石头怎么会到这儿呢?"

"洪水冲过来的,或是河水搬运的。"建章一向反应敏捷。李四光不同意:"洪水能把石头冲走百里远吗?如果是河水搬运,那么,石头堆积,摆放应该怎样?"

"一定是大石块在后,小石块在前。"

"对。石头有重量,水有浮力,水势减弱,大块的石头先留下。那么,摆放的顺序应该是由大到小,逐渐消失。可是,你们看,眼前这些石头,有大有小,混杂一起,不分层次。况且,有句俗语:河里的石头,磨得圆才能走得快。这里的石头却有角有棱,用河水搬运,怎么能解释清楚?"李四光见没有人言语,就接着说,"时间不早了,我们还要赶路,对今天看到的现象,不要忙着下结论,得好好研究研究。来,咱们在这里拍一些照片。"

实习回来,沙河县的一幕在李四光脑海里萦绕很久,他提笔写道:

这是一个十分可疑的现象,大自然中有哪种力量能将如此多的石头搬运如此之远?石头的一面又怎么能被摩擦成平面?平面上还有道道痕迹,只有一种解释:冰川。对!只有冰川移动才会有这些结果。

合上笔记，李四光心中一阵激动，又一阵紧张，他被自己做出的结论吓了一跳，冰川，中国曾经有过第四纪冰川？这可能吗？

不可能！在中国，学地质的人谁没有读过李希霍芬的《中国》？那可是中国地质学界的《圣经》啊。上面清清楚楚地写着：距今二三百万年前，中国气候干燥、寒冷，缺少雨雪，是一处干冷的沙漠地带。沙漠上怎么可能有冰川？

可是，活生生的事实呢？

李四光自言自语：再想想，得好好想想。

一晃三个月过去了。7月，学校放假。为了采集蜓科研究的资料，李四光来到山西大同。

一天下午，他徒步来到距大同约20公里处的一条山谷。

"好奇怪的山谷。"李四光收住脚步，对着山谷发愣：山谷两侧像被人用铁铲铲过一样。还有，谷底的形状很不寻常。照理，由于流水冲击，谷底应该成上宽下窄的锥形，就像英文大写字母"V"，脚下这条山谷的谷底，却是平平整整，与两侧构成字母"U"形。李四光的脑海又涌出两个字"冰川"，包尔顿教授讲过，这是典型的冰川地形。他挽起裤管，来到谷底，谷底散落着不少石块，其中有一块呈金字塔状。李四光蹲在石块前，仔细地打量，石块的一面已被磨平，上面有长长短短几道痕迹，其中一道有23厘米长。

李四光站起身，用脚踢一踢石头，心想：又是冰川移动的结果。他运了运劲，把石头扛起来，费了好大的力气才把石头扛到山坡。刚好，两位山民赶着毛驴车打这儿路过，李四光请他们帮忙把石头拉回去。山里人厚道，一说就成。回来的路上，他们好奇地问："看样子你是远路来的吧？来这儿做啥？贩石头？那可不划算。咱这地方就石贱。你呀，还是去贩煤炭吧，那买卖好做。"

李四光笑着连连说："老乡说得对。"

经过半年的思考、论证，1922年李四光的第一篇关于冰川的论文《华北晚近冰川作用的遗迹》，发表在英国的《地质杂志》上，他要探索一个外国权威早已下过否定结论的命题：中国的第四纪冰川。

2. 哑炮

《地质杂志》发表李四光关于"中国的第四纪冰川"的论文之后，李四光情绪很高涨，他为即将到来的一场大辩论做准备，他猜测，一定有很多学者对他的观点怀疑，有人要提出反驳。这很正常，科学研究中的哪一次重大发现，不是在争论中取得一致看法？争辩越激烈，影响越广泛，越容易接近真理。他愿意接受来自各国学者的诘问。

一天、两天，一个月、两个月、三个月过去了，没有任何回音，李四光很苦恼。他像一个雕塑家，用心塑造一座雕像，把它放在熙熙攘攘的十字路口，然后，等待着人们围过去，指指点点，评头论足。可等来的结果却是人们从塑像前匆匆走过，没有评论，没有驻足，甚至没有人回过头看它一眼。

不该是这么个局面啊！李四光着实想不通。

王世杰来找他聊天。此人也曾留学英国，与李四光同在北大地质系教书，还是邻居，来往自然多一些。李四光向王世杰讲出自己的苦恼。

王世杰淡然一笑："仲揆老弟，书生，你是个十足的书生，你只看到问题的一个方面，却没有想到问题的另一个方面。科学上的一些事情，不一定是单纯的科学问题啊。"说完，手一背，哼着《借东风》里诸葛亮的一段西皮二板，走了。

李四光越发糊涂了。

一天，李四光得知前辈丁文江住院，就去看望他。丁先生见到他很高兴，从枕头下摸出一本杂志，正是刊登李四光关于"冰川"论文的杂志，说："前日在这本杂志上看到你的大作，真为你高兴，正想找你呢。"李四光忙搬把椅子，坐在床头，倾听丁文江的意见。

丁文江说："后生可畏呀，仲揆，你有勇气把这么一个早已成为定论的问题又翻了出来。"

"丁先生，我这样做绝不是为了哗众取宠。在沙河县和大同地区，两处第四纪冰川的遗址，正摆放在那里，我看到了，能不告诉人们？如果我的发现和推测是真实的，那么，对人类的起源，对以后开发、利用资源，会产生重大的意义。如果我是错误的，也应该有人对那些实实在在的东西作出叫人信服的解释。丁先生，您说呢？"

"道理本该如此。可是，仲揆，你想过没有，谁会对中国冰川一说赞同？国外的学者？他们早已对李希霍芬的结论坚信不疑，怎么会凭着你的一篇文章就改变看法？至于提出异议，也不大可能，他们没有亲临现场，一般不会发表意见。由于李希霍芬的权威地位，中国学者不会提出什么看法。现在，我们使用的教科书就是李希霍芬的观点，中国搞地质研究的人，怎么可能置他的结论于不顾，转来与你讨论冰川问题？"

一连串的反问，说得李四光低下头，他苦苦一笑："怪不得王世杰先生说我是书生之见。但是，我仍然相信，真理只有一个，事实胜于雄辩。李希霍芬为考察中国的地质地貌，作过很多努力，我佩服他。但并不能说明他的每一个结论都是对的。"丁文江还是摇摇头："仲揆，你遇到的是一个很棘手的问题啊。"

李四光不愿意被那些非科学的势力压倒，他要继续考证中国冰川之说。

1922 年 5 月 26 日，中国地质学会第三次全体会员大会召开,李四光登上讲台,宣读他的论文《中国第四纪冰川作用的证据》,他在论文中讲道:"自从德国学者李希霍芬作出中国古代气候特征和地貌状态的结论后,人们都认为中国华北在那个时代是一片干旱少雨黄沙遍野的地带。我的考察则是,在晚近地质时代,中国的华北地区和欧美等国一样,曾经发育过第四纪冰川。"

问题已经摆在中国地质学者的面前,与会的专家、教授你看看我,我看看你,最后,不约而同地看着外籍专家安特生。

安特生,瑞典人,来头很大。他曾经在中国华北做过考古挖掘工作,又被"北洋政府"请去做农商顾问。于是,他有着双重身份:一来,他是洋人,在很多人眼里,洋人自然要在华人之上;二来,他又是政府的高级官员,为官的比百姓们高贵,这又是人们的习惯判断。即使在堂堂学术会议上,安特生的一举一动,一颦一笑,也能叫同行们琢磨再三。听完李四光的学术演讲,安特生出奇的平静,他两眼茫然,一脸冷漠。

安特生的这副模样,使得其他人不知该怎么表示,沉默,寂静,这是不该出现的冷场。如此重大问题,李四光提出后,本该如石破天惊一般,引起人们极大的震动,可是,因为"洋大人"没有表情,会场就沉寂下来,沉寂得叫人心里难受。

会议主持人只好干咳两声,说:"李四光先生提到地质学上的一个十分有趣的问题,由于资料关系,对中国究竟有无第四纪冰川,本次会议暂缓讨论。"

像是被人狠狠地撞了一下,李四光颓唐地坐下。他想,此时,如果有一个人站出来,指出:你的观点是错误的!那么,他一定会上前热烈地拥抱他,然后,携起手来走到沙河,走到大同,让他作一个叫人信服的论证。可是,没有,没有人对冰川发表意见。

四十年之后,李四光回忆起这次学术会议时说:"少数外国学者在中国没有能够发现的东西,竟然被中国人发现,他们之中难免有人认为对自己的声望有影响因而产生反感。"一个弱国,连提出引起学术争议的独到见解都显得那么困难,还谈什么学术自由公平竞争?

3. 一上庐山

李四光的 1921 年的沙河之行,乱石横卧的冰川迹象叫他心动;1922 年的地质学会议,在中国第四纪冰川问题上外国学者的冷漠与中国同行的沉默又叫他心寒。以后,他不再与人提起"冰川"问题,埋下头来搞蜓科研究。平日里,人们只见到他来去匆匆,发表一篇又一篇的蜓科研究方面的文章。时间是个过滤器,人们渐渐地忘记了李四光曾经提到"冰川"问题。

李四光真的放弃了他的冰川之说吗?没有,只不过冰川已变成一块石头，压在他心里。

女儿熙芝不满周岁，李四光抱着她在北大校园里转悠。太阳的余晖给这所学府抹上一层柔和的橘黄色，熙芝舒服地躺在父亲怀里，"咿咿呀呀"地喊叫着。李四光心想：女儿想跟我说话，说什么呢？就说冰川吧。小熙芝，你知道冰川吗？不知道？没关系，我知道，我很小的时候就见到冰川移动留下的石头，那石头就在咱们老家的村口，我天天围着它转，忍不住问你奶奶：石头从哪儿来？谁把它搬来啦？奶奶说，那是天神从山上把它搬到咱村里来啦。现在，我弄明白了，是冰川移动带来的，只有冰川才有那么大的劲儿。女儿"咯咯咯"地冲着他笑，李四光忘情地把她抛起来，接住，再往上抛，熙芝莲藕一般的小胳膊在空中挥舞，笑得更响了。

斗转星移，熙芝到了该上学的年龄，虽然李四光忙着事业，很少陪着她，但她自小就对父亲很依恋。晚上，她坐在门口，瞪着乌黑的眼睛望着过来过往的人，许淑彬走来，拉她进屋吃饭，她的头摇得像小拨浪鼓，说是一定要等爸爸。一见李四光的身影，她就成了快乐的云雀，笑着叫着向父亲扑来。李四光抱起女儿，乐呵呵地走进家门，满屋都是父女俩的笑声。

一天，熙芝放学回来，见李四光正在收拾行李，便噘起小嘴一声不吭地站在一边，她知道爸爸又要到外地去考察，得好多天见不到他。李四光见女儿不高兴，就蹲下来，慢声细语地跟她商量:"爸爸到庐山考察,一回来就给你讲庐山的故事。你看,桌子上那个台历,你每天撕下一张,等撕下十五张,爸爸就回来了。"

李四光带着学生们登上庐山,多么雄伟壮丽的大山,在薄薄的云雾里,山峰犹如拔地而起的长剑。山泉淙淙,山风阵阵,山鹰起舞,山花烂漫。喝一口清凉甘美的泉水,李四光惬意地靠在一棵大树上,燃起一根香烟。突然,他愣住了,打个激灵,眼睛直直地盯住前面的月轮山,满脸放出光彩,呼吸有些急促,像见到阔别多年杳无音信却在这时不期而遇的朋友一般。

正在嬉戏玩水的学生们被先生的异常表情吸引,循着先生的目光望去,月轮山的东西两侧有一条平缓的像幼儿园里的滑梯似的山谷,学生许杰喊起来:"U 形谷,冰川,这里是冰川地形。""是冰川地形,是冰川融动留下的地形。与我在欧洲阿尔卑斯山所见到的地形大致相同。"李四光说完,带着学生下到谷底。

谷底有淡红色的黏土,黏土里是大大小小的砾石,砾石上有摩擦而成的平面,平面上还有长长短短的擦痕。

李四光长长地吐了一口气,像是要把憋在心头已快十年的污秽之气全都吐出来。

眼看太阳要落山,李四光他们抓紧时间拍完照片,作下标志,准备寻找宿营地。没走多远,发现一座古刹正耸立在云雾缠绕的山腰间,李四光提议:"今天,咱们就到寺院休息。"

4. 二上庐山

回来后,李四光没有把庐山之行见到的冰川遗迹公布于众,只是在饭后茶余讲给许淑彬和熙芝听。许淑彬为他的新发现而兴高采烈,却不明白他为什么不赶快写文章介绍庐山的冰川。李四光解释道:"这次,不能贸然,我要走遍庐山,尽可能收集到完整的资料,到那时再谈冰川。"

"走遍庐山?谈何容易。"许淑彬眨着一双秀美的大眼睛,吃惊地说。

"现在就开始做准备,锻炼身体,收集资料,对,还得准备一些钱。"李四光压低声音,带着一些愧疚,说,"淑彬,又要难为你。为了考察冰川,咱们得节衣缩食,过一年苦日子。"许淑彬理解地点点头,说:"你安心准备资料,费用由我来考虑。"

转眼又是一年。1932年,李四光又开始整理行囊。熙芝看见后没吭声,回到自己房间。

"哗啦"一声响。李四光高声问:"熙芝,怎么回事?什么东西打碎啦?"没有回答。

李四光快步跑到女儿的房间,桌子上,一个歪鼻子小猪样子的存钱罐碎了,里面的小钢镚儿骨碌骨碌滚得到处都是,熙芝正在忙着收拢。见父亲进来，说："这是我一年攒下来的。爸爸，上庐山你带着这些钢镚儿，渴了，去买冰棒吃。"李四光捧起女儿的小脸儿，心里一阵激动："熙芝，你真是一个懂事的好孩子，爸爸谢谢你。"

第二天清晨，夜色还没有退尽，李四光把那包小钢镚儿放在女儿的枕边，女儿睡得真香，他俯身看了又看，背起行囊，登上南下的火车。

这是一次异常艰难的地质考察，李四光独自一人，面对的是巍峨的群山。山峰有多高？他要一步一步地丈量。更困难的是，为了寻找可靠的资料，他不走前人踩出的路，要攀悬崖，走绝壁，探索一条新路。

晚上，他经常回古刹歇息。自从上次来庐山到古刹借宿，他与这里的长老竟结成忘年交。长老慈目皓眉，清瘦矍铄，他见到李四光，就说："李先生，我猜想你还会来，就吩咐他们，不要动你住过的房间。"

这天，李四光比往日回来得早些，长老迎上来，说："李先生，你双眉上扬，嘴角含笑，走路生风，一定是有意外之喜。"

李四光笑起来："长老明鉴。今天，确实收获不小。来，来，请上座，我细细地讲。"他从背包里掏出庐山地形图，指着上面的汉阳峰，说："庐山的南部和北部不同，以汉阳峰为界，峰以南山谷险峻，溪流冲击，成'V'字形；峰以北谷底平缓，泥砾遍地，成'U'字形。我今天在五老峰后面,见到一条典型的 U 形谷,这条谷的顶端与七里冲的另一条 U 形谷交会,在会合口上留下一条三角锥形的山冈,锥尖指向会合处,像是冰川移动时从两侧削过似的。有些小平底谷和大平底谷的交会口,显得特别陡峻,好像起初小谷的出口几乎是悬挂在大谷的侧壁上。"

李四光一口气说完,长老手把一杯清茶,若有所悟:"万物单讲一个缘字。那些大山峡谷,为何呈此模样?在常人看来,不过是天地造化,李先生这等饱学之士,却能讲出它的脉络缘由。贫僧听后,耳目一新,像你讲到的那些谷地,我在别处也见过,牯岭西北侧就有一处。贫僧愿为李先生引路,到那里看一看。"

李四光高兴地说:"太好了,真不知怎样谢您。"

在庐山 20 多天,李四光走遍那里的大小山峰,勘查出许多冰川遗迹。他告别长老离开庐山时,脚步是那样沉稳、坚定。

1933 年 11 月,中国地质学会第十次年会在北平举行,李四光担任副会长。他从公文夹里掏出论文,大致看了一下,登上讲坛:"此次,我向大会提交的论文是《扬子江流域之第四纪冰期》。"下面一阵窃窃私语。"冰川?久违了。"有人哑然失笑。

李四光停了片刻,环视一下与会的学者,提高嗓音,加强语气,说:"我再一次郑重声明:中国有第四纪冰川。庐山,就是中国典型的冰川地形。庐山在第四纪地质时代,经历三次冰期,第一次冰期存在的时间最长,随后是一个气候转暖空气干燥的间冰期;第二次冰期和间冰期比第一次要短一些;最后一次冰期,由于高山气候酷寒,仅有少数冰川流向平地。庐山冰期消失的时间,距今大约有一万三千年。"

讲完,李四光开始放幻灯,把冰川地形一一展示出来,把大幅庐山冰川遗迹的照片摆在人们面前。

会场沸腾起来! 面对如此翔实的材料,谁还能保持沉默? 人们围住李四光,提出各类问题,争相阅览李四光提供的图片。整个会场都在议论庐山冰川。

丁文江站出来,他不能肯定庐山是否存在过第四纪冰川,但被李四光的精神打动了。他走上主席台,向地质学会提出建议:多方筹措资金,邀请国内外学者,共同奔赴庐山,揭开中国冰川之谜。

5. 庐山大辩论

庐山,重峦叠嶂,乱云飞渡,雾气腾腾,怪石嶙峋,似乎自古以来就是一个叫人感到扑朔迷离、深不可测、变化万端的地方。

1934 年春天,李四光与数十位中外地质学家登上庐山,这里,成了国际辩论的论坛。

辩论的一方由法国地质学家德日进、德国地质学家尼斯特拉姆、瑞典地质学家诺林、美国古气候学家巴尔博和古人类学家步达生等人组成。这些人长期在中国工作，不仅对中国的地质、地形、地理、气候等有些了解，还是一些领域的权威。可是，他们不相信中国有第四纪冰川。这次登庐山，要证实一下，中国确实没有第四纪冰川。这一方阵容大，实力强，与其说是来考察、辩论，不如说是来观光游玩。辩论的另一方是李四光和他的两个学生许杰、喻建章。许、喻二人，初出茅庐，可以说，这一方只有李四光一人。

辩论的第一个回合是在庐山中部的高地。这里的岩石质地坚硬，成分均一，却被刻蚀出一个圆形洼地，洼地具有完好而陡峭的后壁，前沿高悬在一条主谷的侧面。李四光引众人在这里观察，并指着洼地，说："你们看，这不正是冰斗吗？"

外国同行看了一会儿，尼斯特拉姆发言："可以说是冰斗，也可以说是流水凿成的大坳。仅凭一处洼地，不能断言这就是第四纪冰川遗迹。"其他人纷纷点头，随声附和。李四光说："那好吧，我们到另一处看一看。"

辩论的第二个回合是在王家坡的平底谷。李四光曾在这里走过许多个来回，一石一木都记载着他的辛勤劳作。那条呈"U"形的平缓谷地，静静地躺着，等待着专家的鉴定。李四光又一次看到他熟悉的地形，很有信心地说："这就是第四纪冰川流动时铲削而成的 U 形谷。"学者们跳进谷地，用尺子量、用锤子敲，末了，德日进说："从表面上看，很像冰川侵蚀的地形，但是，我们用流水冲刷来解释,不是也可以吗?"

李四光笑了,说:"如果是流水冲刷而成,它的外形应该呈 V字形。冰川滑动,两侧形成排水道,把山坡削成 U 字形。德日进先生,我们都做过教师,在向学生授课时,我们不正是用'V'字形谷地和'U'字形谷地来区分冲刷与冰川移动形成的不同地形吗?"

德日进的脸微微一红,他意识到自己犯了一个常识性的错误,被对方抓住把柄,急忙辩解:"我的意思是,远古时代,这里有流水冲刷,形成一道流水道,随着风蚀作用,流水道变宽,就成这样一种形状。"

美国学者步达生看到德日进的窘状,很不安,就来帮他一把,说:"德日进先生说得有些道理,流水冲刷作用与风力侵蚀作用相互结合,可以把山川塑造成各式各样的形状,当然,也可能出现 U 字形。"

从王家坡到月轮山,辩论没有结果。晚上,他们回到山下,准备第二天再进山考证。

晚饭后,李四光到林中散步,正遇上瑞典学者诺林。李四光想到诺林在一天的争论中总是一言不发,有些纳闷,就上前打个招呼:

"诺林先生,你从北欧来,对冰川地形一定很了解。请教先生,你认为庐山的地形,与阿尔卑斯山有没有相似的地方?"诺林低头沉思片刻,抬起头直视李四光,意味深长地说:"李先生,坦率地说,今天在庐山所见到的一切,如果是在欧洲,在我们阿尔卑斯山出现,没有问题,它一定是冰川留下的遗迹。"

李四光耸起眉峰,沉思良久。

辩论的第三个回合是在白鹿洞附近,李四光在这里发现大量的冰碛物,像泥砾、冰丘、巨石等等。李四光搬起一块石头,上面有几道擦痕,他指着远处的山峰说:"这是冰川移动的结果,因为庐山重心向内,四旁没有斜坡,如果不借助冰川的力量,泥砾不会从山上流到这里。"外国学者提出不同意见,古气候学家巴尔博认为:"这里泥砾堆积,是岩石碎块在潮湿情况下缓慢流动的产物,用融冻泥流来解释,或许更合理一些吧!"

李四光听完,频频点头:"巴尔博先生的话对我很有启发,如果这是融冻泥流,那么就可以认为,在第四纪,这里的山上极有可能存在冰川。"

巴尔博一时语塞,许杰捂着嘴差点笑出声。

在回来的路上,许杰问:"先生,我弄不明白,事实就摆在那里,那几位学者就是不愿承认,这是何苦呢?"

李四光点上一支烟,深深地吸了一口,讲起与诺林的交谈,说:"与诺林分手后,我一直在考虑这个问题。这几位学者都曾经认为中国没有出现过第四纪冰川,现在,要他们改变认识,就可能动摇他们在中国学术界的权威地位。于是,我就问自己,为什么非要外国学者承认自己的发现? 第四纪冰川对中国很有价值,埋头研究下去就是了,终究有一天人们会承认它的存在。"

庐山之辩没有改变外国学者的观点,却增强了李四光继续研究冰川的信心。

1936 年 5 月,李四光又在黄山的朱砂峰、紫云峰发现冰川遗迹,写成《安徽黄山之第四纪冰川现象》的论文,发表后引来了德国冰川学家费斯曼教授。教授两度进山,看到朱砂峰、紫云峰的"U"形谷,冰蚀面、冰碛以及砾石上的擦痕,欣喜万分,立刻写文章寄给德国的土壤冰川杂志,赞同李四光的冰川理论。

终于有了来自异国他邦的呼应,尽管它姗姗来迟。李四光读完费斯曼教授的文章,只说一句:"事实毕竟是事实。"

五

"学贵善疑,不怀疑就不能发现真理。"英国人赖尔怀疑上帝,把地球形成的年代向前推进好几十亿年;奥地利人魏格纳怀疑赖尔,发现七大洲原来是一大块完整的陆地;中国人李四光怀疑魏格纳,提出地壳变化的主要原因来自地球自转产生的水平分力。

1. 小虫子引出大问题

1922 年,李四光迎来了他生命里程上的第一个高峰期。这时候的他,宛如一位科学巨子,一手牵着第四纪冰川,一手又去悄悄叩响地壳运动的大门。

还得从蜓科研究讲起。

1921 年的整个冬天,李四光工作间的灯光每天晚上都亮着。陪伴他的,除了那盏灯,还有石头、标本,和一台配有粗细金刚砂的磨具。

"刺——刺——"磨具声音单调、刺耳。李四光正磨一块花岗岩,这块石头上面尽是些石钉,不好打磨,干了半天,他有些累了。于是,他就走到工作台前,想放松一下。

李四光有个习惯,累了,就去看标本。

在他看来,最精彩的图案就是化石标本,那上面的色泽、花纹、线条、结构,精美绝伦,百看不厌。

这会儿,李四光把制成的蜓科标本一一摆在桌子上,拿着放大镜,仔仔细细地观赏起来。

其实,这些标本李四光看过无数遍,他像熟悉自己的手纹一般,甚至闭着眼睛用手一摸,就能说出哪块标本是用哪座山上采来的石头制成的。

可是,这一次,看着看着,他突然发现一个新情况。

他疾步走到那堆还没有切割的化石堆旁边,找出从北部山上采来的石头,又选几块属于南部地区采来的化石,把两组化石摆在一起,一个十分重要的问题出来了:南部蜓科化石,石灰岩很厚,岩质很纯;北方采来的蜓科化石,石灰岩比较薄。

第二天,李四光把两组化石带到学校检测,结果是北部蜓科化石与南部蜓科化石同属于一个地质时代:石炭二叠纪,距今二亿三千万年。

"同一个地质时代,为什么南方石灰岩厚北方石灰岩薄呢?"李四光开始考虑这个问题。

从学校回家的路上，李四光与王世杰同行，他提出这个问题，想同王世杰探讨一下。

王世杰不以为意，说："你呀，净喜欢钻牛角尖。石炭二叠纪，中国的南部是海洋，北部多陆地，在深海地区沉积的石灰岩又厚又纯，北部水陆相间的地区，石灰岩自然会薄一些。"

见他说得这么轻巧，李四光就问："世杰兄，照你这么说，在同一地质时代，地球表面的海水运动，有的在上升，有的在下降。可是，不要忘了，苏士早就说过，海水运动，是全球性的全面升降，不存在南部海浸，北部海退。可是，我的发现却说明地球运动有升有降。这到底是怎么回事儿？"

王世杰回答不出。最近，他正忙着与政界人物建立联系，满脑子琢磨着怎样打通"关节"，对李四光提的问题，没有认真想。他转过话头，说："苏士是地质界的权威，他的理论是对的，你的发现也许是个例外。几亿年前的地质变化，谁能说得清楚？哎，对了，说点正事儿，仲揆，你早年的不少朋友，现在在国民政府担任要职，什么时候帮我引见引见？"

李四光不满地看他一眼，心想：一个学人，不想着做些学问，却想着往那个圈子里钻，搞什么名堂？就说："我跟他们多年不来往，怕帮不了你的忙。"

后来，王世杰果然成为政界要人，李四光却还一门心思搞他的研究，他要弄明白，地球内部究竟是怎么运动的，地球表面又是怎么变化的。

2. 善于怀疑

1922 年 2 月,北大校园,冬雪初融,寒气逼人。大礼堂里,人头攒动,座无虚席,听说知名学者李四光演讲,各系的学生蜂拥而至。

李四光那带有浓厚湖北语调的声音响彻会场。

"学贵善疑,不怀疑怎么发现真理?伽利略不怀疑哥白尼理论,怎么能发现更大的宇宙空间?法拉第不怀疑牛顿学说,又怎么能发现电磁感应?

"一位蜚声文坛的大教授讲古人类学,他讲得自然很好,学生们听得入迷。末了,一位学生站起来问:'远古时代,还没有出现文字,先生怎么知道古人类的生存方式?'大教授很生气,说这位学生是孤陋寡闻之辈,不值一谈。说完,扬长而去。我以为这个学生问得好,他是想了解史前历史的研究方法。

"因此,今天在这里,我向各位提一个要求,大胆怀疑,善于提问,冲破禁区,发现真理。"

台下掌声四起,素有崇尚学术自由的北大学生,听李四光这样一说,情绪更高昂。

李四光接着讲:"地质学大师赖尔,就是从怀疑上帝开始的。关于地球的外貌特征，僧侣说，那是全能的上帝创造的。一百年前，英国人赖尔站出来，说：不，地球上的高山大川，是由地球各种力量长期运动造成的。地球是一个苹果，在运动过程中，逐渐消耗热量，失去水分，表皮收缩，成了一个干缩的苹果。

"赖尔十分了不起，他创立地质学均衡论，把万能的上帝请了出去。可是，由于人类自身的弱点，在地质学界，赖尔被当作新的上帝，他的地球自形成以来做着上升下降的垂直运动的理论，被当作《圣经》，人们只能学习，不能怀疑。我看，应该提出疑问。"

整个演讲，李四光都在强调"怀疑"的重要意义。他没有告诉大家，他正在考虑地球运动的新理论。但是，他已经暗示，他对地质学的许多理论有疑问，要进行大胆的探索。

关于地球运动，除赖尔的垂直运动理论，还有一种很有代表性的学说，就是魏格纳的"大陆漂移说"。

魏格纳，奥地利地理学家。一次，他病了，医生要他住院治疗。躺在病床上的魏格纳，心里仍然装着他的研究课题。他吩咐助手，把地图拿来，挂在墙上，他一睁开眼睛就能看到全世界。

护理人员给魏格纳挂上吊瓶走了。魏格纳盯着地图，入迷地看着。突然，他大声喊叫起来："新大陆，快来看呀，我发现了新大陆。"

医生、护士急忙跑过来，魏格纳兴奋地挥舞双手，满脸通红，药瓶子来回晃着，护士一个箭步过去，稳住要掉下的药瓶，说："魏格纳先生，镇静，镇静。"魏格纳哪里听得见，他像孩子似的大喊大叫，弄得人们不知所措。

魏格纳有理由如此兴奋，他在地图上有重大发现，这就是南美洲大陆的海岸线与非洲的海岸线巧妙地相吻合。

难道说远古时期欧、亚、非、美大陆是连在一起的？魏格纳一出院就周游世界，他考察南美与非洲的古植物群、古动物群、地层、地貌。他的猜测得到验证：在古生代石炭纪以前，世界是一个大板块，周围是辽阔海洋。

接下去，就要解释，是什么力量把大陆分割成几块。魏格纳认为，是潮汐的力量和地球转动时产生的离心力，造成大陆的破裂分离。他说，地球分作两部分，中间那一部分是由硅和镁构成，比较重，表皮那一部分是由硅铝构成，比较轻，像海洋上的浮冰一样，在潮汐和地球离心力的作用下，地球表皮渐渐地裂开，漂移。于是，就有了我们现在看到的五大洲四大洋。所以，地壳运动不是上升下降的垂直运动，而是水平推进的运动。

虽然李四光同意魏格纳的水平运动理论，可是，用这一理论不能解释地质时代南部海浸、北部海退的原因。李四光开始酝酿一门新的地质学理论，这是一种什么理论？李四光不能马上回答，他陷入苦苦思索之中。

3. 连续攻关

阳春三月，本该艳阳高照，微风和煦，可昨晚一场大风，把个北京城搅得昏天黑地。李四光裹一件风衣走出大门，到图书馆查资料。

"呼——"一阵狂风带着凄厉的哨声，吹得他一个趔趄，他急忙叫一辆黄包车。车夫疾走过来，殷殷切切地打招呼："先生，您快上车。"

李四光坐上车。车夫脱下棉衣，就势捂在李四光脚上，顶着风，弓起背，往前走。

看着车夫的后背，李四光很不是滋味，他将脚上的棉衣拿起，掸去尘土，叠好，放在膝头。然后，合上双眼陷入沉思。

还是那个问题：相同的地质时代，南部海浸而北部海退。原因何在？这个问题困扰他整整一年，他找出上百条理由，又把所有的理由一一推翻。为了找到答案，他寝食不安。苦思冥想中，脑海里闪现一句古诗："衣带渐宽终不悔，为伊消得人憔悴。"要攻下一个学术上的难题，着实不易呀。他感到自己虽然坐在车上，可心里却像前面的车夫，冒着严寒顶着狂风，使足劲儿，一步一步艰难地走。

车子转个弯儿，避开风头，车夫直直身，一溜烟地跑开了。

车速快,李四光往前一倾,赶忙抓紧扶手,坐稳了。

国立图书馆到了。李四光把车钱和棉衣递给车夫,关切地说:"天冷,穿上棉衣,不要冻着了。"

车夫收好钱,穿上棉衣,望着李四光的背影,喃喃自语:"好人,是个有学问的好人。"

李四光取来地质杂志,上面有泰勒的文章。

泰勒,美国地质学家,喜欢标新立异,经常向传统学说提出挑战。李四光读他的论文,就像隔着太平洋与他交谈似的,会生出些灵感。

泰勒在文章中写道:

> 地壳运动呈水平状态,由于欧洲与亚洲一起向南蠕动,在第三纪掀起横跨欧亚的山脉带。

"我们真是不谋而合呀。"李四光用心与泰勒交谈:欧亚大陆,有几条与赤道平行的东西走向的山脉,不正是地壳水平运动带给我们的最有说服力的论据吗?李四光再往深处思考:欧亚板块向南运动,海水也会由两极向赤道推进,那么,南部就会是浩渺无际的汪洋,北部则是岩石兀露的大块陆地,只有在低洼处有些海水。于是,南部沉积着又厚又纯的石灰岩,北部石灰岩自然很薄。这不正是我要找的答案吗?

"谢谢,我的美国朋友。"虽然李四光从未见过泰勒,但他却已把泰勒视作好朋友,心里充满感激之情。

悬在心头多日的问题总算有个眉目了,李四光立即感到浑身轻松。

晚上,他铺好纸张,准备撰写论文。刚刚写下几行字,却又停住了。他问自己:同一地质时代,南部海浸北部海退,是欧亚板块做水平运动所致。那么,是什么力量造成地壳运动? 如果不能揭示地壳运动的原理,就大大削弱了研究地质现象的学术价值。

李四光收起笔墨,心想:我不能拿出一个苦涩的梨子。

关于地壳运动的原理,地质学家有多种解释。奥地利地质学家苏士认为:是地球速率发生变化造成的。可是,他并没有说清地球速率作怎样的变化。

泰勒说:地球俘获月球而加快地球自转速度。

魏格纳说得更明白一些:月球对地球产生潮汐作用,加上离心力和地球自转,造成地壳作水平式的漂移。

李四光提出一个假设:地球自转,产生水平分力,推动地壳运动。

他找来圆木、铁棍,请木匠帮他做个带轴线的椭圆形的球体,画上几条直线,表示离心力的方向和它的作用的方向,用力一拨,球体"呼呼"地转起来,两轴的偏度随着转速增大,他把手指轻轻地放在球体的一极,手指不由自主地向中间滑动。这不正是离心力的水平分力在起作用吗?李四光豁然开朗。他在笔记上写道:地球的自转速度加快造成欧亚板块由极点向赤道方向做水平移动;海水南进,造成南部呈海相地层,北部呈陆相地层。到一定的时候,地球自转速度变慢,离心力减小,海水又渐渐地向北推进,北部会出现海相地层。

找到地壳运动的原因,这是一件多么了不起的事情,可是,李四光却没有欣喜之情,反而陷入沉思之中。

地壳运动来自地球自转速度变化,地球自转速度为什么会发生变化?

魏格纳认为,月球和太阳的吸引力,造成地球自转速度变化。李四光不能肯定魏氏的说法是正确的,他要考证一下。

从1924年开始,李四光花费大量的时间,把中国古籍中有关天体变化的资料进行整理。结论却是:潮汐作用只能说明在整个地质时代,地球自转速度不断减慢,海水应当一直由赤道涌向两极!

看看堆积起来的资料,再看看得出的结论,李四光耸耸肩,叹了一口气。科学就是这样无情,它不管魏格纳在地质学界享有什么威望,也不管李四光做出多少努力来证实魏氏理论,只冷冰冰地表示,魏格纳的潮汐理论错了。

李四光独辟蹊径,从物理力学角度考虑地球自转速度变化问题。

又一个黄昏，李四光拖着疲惫的身体走出图书馆。

"先生，先生，还是坐我的车吧。"

有人喊住他。李四光打量车夫，心想，我不认识你呀。

"先生，几年前一个大风天，您坐我的车来这儿，我记着您呢。"

"哦，哦，我倒忘了。"

"先生是做大学问的，不记这点儿事。来，上车吧。"

待李四光坐好，车夫架起车把，撒开双脚，飞也似的跑。

"不好！"车夫大叫一声，猛地收住双脚，胳膊一抬，"砰"地一下，李四光的头碰在车后的板子上。原来，一个小孩儿冒冒失失地从胡同里跑出来，险些撞在车上。

见李四光揉着后脑勺，车夫窘得满脸通红，胆怯地说："先生，我，我……唉！"

李四光大笑道："碰得好，碰得好，这一下我懂了，地球重心为什么不断错位。"

车夫更加恐慌："先生，怎么了，这是怎么了？"

"车阀，这就是大陆车阀。走吧，走吧，我没事儿。"

车夫的急刹车使李四光产生了联想。

1926 年 5 月 3 日，中国地质学会第四次年会召开，李四光提交的论文是《地球表面形象变迁之主因》，引起反响。在这篇

文章里,他系统地讲解"大陆车阀"理论:

地球好比一辆大车,车子匀速行驶,乘客平稳坐着,如果司机加大油门飞速前进,乘客就会前倾。地球在运行中,内部物质不断向中心集中,运行的速度越来越快,岩浆会被挤到地壳上来,于是就产生摩擦。这之后,地球的运行速度又慢下来。整个地质时代,地球内部的重力作用,造成地球自转速度的变化,这种变化引起地球表面形象变迁。

在这里,李四光把力学原理引入地质理论,这在地质学界是独树一帜的,中外学者十分震惊!真是冰川尚未消融,地上又起旋风。人们惊叹:这位东方学人,真是地质学界的一束奇异之光。

4."山"字的奥秘

"咣当当当,咣当当当,呜——",火车在西伯利亚大平原上奔跑五天。这里很少见到树,几乎没有村庄,蓝天白云下,一切都像是凝固的,茫茫一片,天地相接。五天来,乘客们只面对窗外一个景色:荒原,万里无人迹的荒原。

"怕是走不出这该死的大平原啦。"李四光对面坐着的留学生愤愤地说。他是第一次到苏联，上车时情绪极高昂，可是，车窗外单调的景色令他兴趣索然。

"别着急，我们很快就进山。"李四光安慰留学生。1925年8月，苏联科学院向北京大学发出邀请函，邀请著名学者参加建院200周年纪念大会。北大派李四光为代表，前往苏联。这是他第二次到苏联，对上次的行程记忆犹新。

一说火车要进山了，留学生来了精神，他打开窗向远处张望。

过了一会儿，留学生欢叫起来："先生，您看，那是山吗？"

李四光坐过来，看见窗外远处的天地连接处，有几道黛色的弧线。

"嗯，是山，是乌拉尔山。"

"乌拉，火车要进山啦。"留学生高兴地挥动帽子，大声嚷嚷。整个车厢的人都受到感染，他们拥到车窗前，真想早点看见大山。

进山了，火车宛如长龙，在崇山峻岭中游弋。8月的乌拉尔山，树叶虽然开始凋谢，但金红的枫叶与苍绿的塔松交相辉映，顽皮的松鼠上蹿下跳，"轰隆"的火车声把它们吓得直往塔松里钻，却又想看看这庞然大物是啥模样，探头探脑地瞪着圆圆的小眼睛。

枫叶和松树给大山增添许多妩媚，山林松鼠给乘客带来好心情。

一觉醒来，天已透亮。留学生翻身起床，往窗外一看："山呢？怎么又来到了大平原上？"

可不是，放眼望去，一片原野。

留学生沮丧地躺下。

李四光忽地站起，他从行李架上取下提包，拿出地图册慢慢地看：乌拉尔山，逶迤蜿蜒，它像一把巨大的剑，把万里平原隔成两半，东边的那一半是西伯利亚，西边的这一半是俄罗斯平原。

李四光凝神专注，研究这座地跨欧、亚大陆的乌拉尔山。

留学生起身，站到李四光身后，对这张地图产生兴趣。看了好一会儿，他似乎看出些门道："怪不得火车又来到平原，这乌拉尔山是南北走向，昨晚，我们是穿山而过。"

此时，李四光正在考虑：两大平原之间，怎么会有这样一座孤零零的山？

火车终于到达莫斯科车站，李四光受到苏联科学院的盛情接待。

"同志，"李四光出国前听人说在苏联，无论男女老少都称同志，他也用这很陌生的称呼向苏方派来的翻译提出要求，"能帮我找一套苏联山势走向的资料吗？"翻译当天晚上就带来一套资料。

李四光不顾连日行程的疲劳，摘抄资料，乌拉尔山形成于晚古生代,在这个时代,与乌拉尔山一同形成的还有一系列东西走向的群山,这些山东起阿尔泰,西到高加索,直至黑海附近,山山相连,形成弧状,中间部分向南凸起,与乌拉尔山南端相接,乍一看,像一张插着长箭的弯弓。

看着这张"弓",李四光想起童年的一件小事。

那时,他正跟着陈老爹学习,陈老爹喜欢揆伢子胜过自己的孙子,在他眼里,揆伢子是个有大出息的后生。

老爹教他临摹颜体"山"字。他写了几个,觉得蛮不错,心想,把这拿给老爹看,他准会夸奖我。

"老爹,闭上眼,伸出手。"揆伢子把临摹好的"山"字放在老爹手里,说,"看吧。"喜滋滋地等老爹开口。

陈老爹看着,轻轻摇摇头,说:"揆伢子,没有笔力不行啊。"

一瓢水当头泼来,揆伢子好扫兴。

"来来来,我给你讲讲。这山字像什么?像一张搭着长箭的弓,这张弓就是后羿射中太阳的弓。后羿力大无比,挽弓射箭,飞出的箭能走一万里。你提起笔,就得提足劲,像后羿射日,写出的山,才能稳稳当当像座山。好好练吧。"

"南北走向的乌拉尔山,与东西走向的群山,正好构成一个山字。这是大自然的巧合,还是地壳运动的规律?"李四光决定揭开山字的奥秘。

5. 寻找"山"字结构

"李先生,电报,南京来的!"张师傅气喘吁吁地跑来,李四光来不及拍去手上的粉尘,接过电报。电报是蔡元培先生发来的,电文中写道:中央研究院成立在即,望仁兄到南京商讨组建中国地质研究所事宜。

李四光没有迟疑,安排好系里的工作后,就只身赶赴南京。

中央研究院的会客室,蔡元培正与一位中年男子交谈,见李四光进来,忙迎上去,道:"仲揆,多日不见。来,来,认识一下,北大地质教授李四光;这位是中央研究院总干事杨铨先生。"

"武昌起义的大英雄,久仰,久仰。"杨铨慌忙起身,当胸抱拳,惊喜之情溢于言表。

李四光怪不好意思:"我不过是一介书生。"

"往后,你们二位会经常合作。杏佛(杨铨字),你去通融一下,尽快落实研究院的款项。"

杨铨走后,蔡元培问李四光对组建地质研究所有何打算。

"我想,目前中国地质学界当务之急是两件事,一是搞出理论研究成果,一是进行全面地质勘探。有了地质研究所,很多事情就容易铺开去做。"

"那就尽快动手吧,有事找杏佛帮助,他的活动能力很强。"

组建地质研究所,办公地点设在哪儿? 李四光背着地质所的牌子跑了几天,没有着落,他向杨铨求援。

杨铨二话不说,带着他转了大半个城,又上上下下打通好几个关节,终于在鸡鸣寺寻到一处幽静、宽敞、交通便利的楼房,地质所的牌子总算可以挂起来了。

通过这件事,李四光也领略了杨铨的干练和精细,心想:这位老兄称得上国家的栋梁之材。

1928 年,李四光举家迁到南京。地质研究所投入工作。

李四光从考察地质构造做起,他带领助手们到南京龙潭一带考察。

在宁镇山脉,他们发现一处东西走向的弧形构造的山,弧顶位于镇江一带,在它的凹处,正好有一条南北走向的茅山山脉。这,就构成一个"山"字结构。李四光在中国找到第一个"山"字形结构。

这个时候,李四光的老朋友马君武在广西大学担任校长,希望李四光能到广西进行考察。

广西大瑶山,山道弯弯,逶迤茫茫。李四光他们很快发现一条东西走向的山脉,他们决定,沿着这条山脉,寻找南北隆起的挤压带。

一路上,李四光讲起他的构造理论:"地球自转,造成地球内部重心移动,地壳受重力作用,慢慢凸起,形成弧状,中间挤出一个褶皱，看起来就是一个'山'字形。咱们现在找到东西走向的弧形山脉，就一定能在附近找到一条南北走向的隆起地带。"

大家信心十足地找那片隆起山地。一连几天过去了，他们在这里转了好几圈，这一带有多少棵树，多少道沟都能说得清楚，就是找不到山的影子。

喻建章泄气了。他一下子坐在地上，抹一把头上的汗珠子，说："先生，这山该不会钻进地下吧？"

李四光安慰他："找吧，能找到。你在北京的天安门见到两个大人带一个小孩在前面走，到了西单还是他们三个人在一起，后来，你在前门又见到他们三个人，不用问，他们是一家人。山字结构也是这样，你只要发现一条南北走向的弧形山脉，就能找到和它对应的东西走向的山脊。同样，我们发现这条东西向的弧形山脉，肯定能找到南北走向的挤压带。"

可是，确实没有那条挤压带。

李四光脚步愈走愈沉，只好带着他的人马回到南京。

"要么我的构造理论是错误的，要么是没有找到那条南北隆起的挤压带。"李四光遥望西南方，希望出现奇迹。

奇迹出现了。半年后，广西的地质同行告诉李四光，在柳州发现一条南北方向的褶皱带，因为风化侵蚀，它变成了一条平地。

"山"字形构造体系,是李四光地质力学的一个重要组成部分。

六

日本鬼子打来了，国民党溃不成军。到处是战争的火海，同胞血流成河。血与火中，李四光对自己说：再苦再难，也得把地质研究搞下去。中国的明天，需要地质工作。

1.杨铨不死，杨铨永生

"嗒嗒，嗒嗒。"两下敲门声。

李四光放下汤勺，对夫人许淑彬说："是杏佛，快去开门。"

许淑彬打开门，果然，杨铨笑眯眯地站在门外。

"做什么好吃的？我闻到香味儿就赶快跑来了。"自从杨铨与李四光共事以来，两人成了好朋友。

"清水炖平菇，麻婆豆腐。来吧，刚端上饭桌。"

熙芝很喜欢杨伯伯，早把一副碗筷摆好，淑彬递来热乎乎的毛巾。

晚饭后,李四光和杨铨来到工作间。杨铨告诉他,他正在着手组建"中国民权保障同盟会",反对蒋介石的独裁专政。

李四光感慨颇深:"中山先生仙逝近十年,中国形势每况愈下,日本人占去东三省,汉奸搞华北自治。那个蒋委员长不去抵抗外敌,却一门心思打内战,还时时标榜是中山先生的信徒,把个中国搞得乌烟瘴气。杏佛,你们组建民权保障同盟,我全力支持。只是希望你小心、谨慎。"

"谢谢你,仲揆兄。我们努力实现中山先生民主政治的遗愿。宋庆龄大姐、蔡元培和鲁迅先生是发起人,我的活动会多一些,目标大一些,但不会有什么事儿。一则是个民主组织,二则有宋大姐、蔡先生参与,三则总部设在法租界,谅他们也不敢造次。哦,对了,还要告诉你一件事,中央庚款董事会成立,你是科学界的代表。这笔款子一到,务必尽快把它用在科学研究和培养人才上,要不,又会叫那个委员长拿去买枪买炮,杀自己的同胞。"

李四光送杨铨远去,看着他的身影消失在茫茫的夜色中,久久不愿把目光收回。许淑彬走来,站在他身旁。半晌,轻声问:"你怎么啦?"

"我在想,中国什么时候才能有希望。"

1933 年初夏,很长时间没有杨铨的消息,李四光建议许淑彬到上海见见杨铨。淑彬说:"我也正想这事儿呢。杏佛先生一心搞民主事业，不知杨太太和小佛怎么样了。"熙芝在旁边插一句："杨伯伯好长时间没来啦，我好想他。"

一家人来上海，专程拜访杨铨。

杨铨一家喜出望外，杨太太挽起淑彬的手，杨铨揪揪熙芝的羊角小辫，乐呵呵地说："熙芝，你怎么突然长了这么一大截？刚到南京时，我一下能把你举得高高的，看，现在跟我肩膀一般高啦！"

熙芝忽闪着大眼睛，说："杨伯伯，那时你爱用胡子扎我，现在，我还痛呢。"说完，捂起脸蛋，引得大家笑起来。

"小佛，你熙芝妹妹来了，放你一天假，你们兄妹俩好好玩儿吧。"

小佛飞也似的从里屋跑出来，两个人去商量怎么个玩法。杨太太与许淑彬走进里屋，客厅里只剩下李四光、杨铨两人。

杨铨饶有兴致地讲保障同盟会的活动，当讲到与蒋介石政府斗智斗勇时，李四光忍不住开怀大笑。

午饭很丰盛：京酱肉丝、宫保鸡丁、南京卤鸭、清蒸鳜鱼。

小佛口水都快流出来了："熙芝妹，你是我们家的福星。"

杨太太脸色微微一红，说："你们看我家小佛的馋相。也难怪，杏佛在外奔忙，一家人为他提着心，难得过一天舒心日子。今天，咱们好好放松放松。来，来，大家坐，我还存着一瓶桂花酒呢。"

"丁零零——"门铃响了。

小佛咽下口水跑去开门。拿着一封信转回,还说:"送信那人好凶呀,身穿蓝衣,一脸凶相。"

杨铨接过信,打开。"吧嗒",两粒子弹落地。

大家愣住了,杨太太微微一颤,淑彬忙扶她坐下。

李四光脸色铁青,拿过信,只见里面是张白纸,信封上却写着:"地址,内详。"

杨铨弯腰捡起子弹,托在手里掂掂分量,笑了笑,说:"这算什么,吓唬人罢了。吃饭,吃饭,不能叫那帮人把咱们的一顿好饭给搅和了。"

谁还有心思品味一桌子的佳肴?大家都是匆匆地吃几口。淑彬轻声排解杨太太的忧虑,小佛、熙芝悄悄地溜到一边儿。

李四光神色凝重:"杏佛兄,你要多多提防才是。"

"局势很严峻。最近,国民党的蓝衣社活动很猖狂,蒋介石想一手遮天哪。前些年,他要对共产党斩尽杀绝。如今,对我们这些民主人士也要下毒手。仲揆,想想中山先生在天之灵,我这是欲罢不能啊。"

李四光脑海里闪出宋教仁的形象,他不知说什么才好,带着对杨铨的敬佩与担忧,离开了上海。

五天后,一张电文传来:"杨铨先生遇刺身亡。"

偌大的上海,沉浸在悲愤、伤悼之中。

李四光料理完后事回到南京。杨铨的音容笑貌,时时浮现:一介书生,一位手无寸铁的民主人士,不过喊出几句民众的心声,就要遭此毒手,民主何在? 天理何在? 中国希望何在?

逝者不复生,怎样让后代人知道 30 年代中国有这样一位民主人士,为推进民主事业而牺牲? 李四光决定,把他刚刚鉴定出的蜓科新属取名为"杨铨蜓"。他挥毫写道:"杨铨蜓的命名,是用以纪念中央研究院已故总干事杨铨先生。凡是为科学事业忠心服务的人,都不能不为这种令人沮丧的境遇而感到痛心。"

1934 年 12 月,李四光收到英国剑桥、伯明翰等八所大学的邀请函,应邀赴英国讲学,时间是一年五个月。

2. 感情天平

通过在英国讲学,李四光在国际地质学界赢得了极高的声誉。在那里,他的地质专著《中国地质学》一书出版。这部专著,理论之独到、分析之透彻、文笔之流畅、语言之简洁,令那些大英帝国的臣民刮目相看:这样图文并茂的书,是中国人写的? 不错,封面上赫然写着"中国·李四光"。

告别伦敦教堂顶端的木钟,李四光横穿大西洋,来到美国。刚从经济危机中复苏的美国,显示出欣欣向荣的景象。李四光的学生朱森正在美国学习,他陪着李四光在洛杉矶、旧金山等处考察。

1936年4月，李四光回国。为了进一步研究庐山第四纪冰川，李四光举家迁居庐山。

这个时候的庐山，与十年前李四光第一次带领学生到庐山实习时的情景，大相径庭。高山低谷之间，一座一座的小洋房错落有致，旅游景点星罗棋布，各类店铺鳞次栉比，熙熙攘攘的人流把庐山闹腾得不像样子，哪里还有原先宁静、寂远的神韵？

8月的一天，李四光在北大的同事丁绪贤的夫人来庐山造访。这位夫人还是他们的"红娘"呢！"红娘"来了怎好怠慢，李四光请她游览庐山，许淑彬陪同，自己则做她的导游。

许淑彬血压偏高，丁太太走不惯山路，李四光雇来三顶轿子。两位女士坐轿，李四光步行，还有一顶空着的轿子后随。

抬着空轿的轿夫很不安，年长的那一位说："先生，你坐上吧，花钱雇轿，不能不坐呀。"

"怕我走不得山路吗？讲力气，我比不过你们，论爬山，咱们可以比试比试。"

一位青年轿夫兴头十足："我们个个都是铁脚板。"

李四光兴致很高："来吧，看看谁能先到山顶。"

轿夫交换一下眼神：比就比。甩开大步一路小跑。一会儿工夫，把李四光落下好远。

李四光不急不躁，匀着劲儿往上走。一个时辰，赶上轿夫。

青年轿夫撒腿还要往前跑,无奈,年长轿夫没了力气,咕哝一句:"要比你独自比去吧。"

李四光收住脚,忙说:"不比了,不比了,我也累了。老表,坐下歇歇,等等那两顶轿。来,吸支烟。"说着,给每人敬了一支。

轿夫心里很感激,开口道:"敢问先生,干什么差事,这般能爬山?"

"跟你们一样,也是靠山吃饭。"看众人不解,李四光说,"搞地质的,就是把山上的石头敲开,看看里面是怎么一回事。"轿夫还是似懂非懂。李四光换了一个话题:"老表,你们就住在山下?"

"哪里,远着呢,离这儿三四百里呢。"

"做轿夫能挣钱吗?"

"挣啥子钱呀,挣累吧。"青年轿夫愤愤地说。

年长者解释:"世道不太平呀。我们那里前些年闹红军。红军到,有田种啦,有饭吃啦。可好景不长,中央军一来,又烧又杀又抢。红军走了,田也没得啦,饭也没得啦,只好到这儿卖苦力。轿,是租来的,除去租金,我们每天挣得九角钱。"

李四光不再说什么。回来的路上,李四光采到两块岩石标本,放在轿里。

一次,李四光向许淑彬和熙芝谈起轿夫,叹了口气,说:"轿夫们苦啊。"

不久，李四光得知，还有一群人比轿夫更苦。

这是一群孩子，大的不过十五六，小的才十一二，长得没有扁担高。天一亮，他们就守候在路口，拿着绳索挑着箩筐，高声喊着："挑担啰，挑担啰。"他们是在等人雇用啊。

有了雇主，孩子们一下子围住，争着揽生意。挑一担二三十斤重的煤炭，登上山顶，才挣两三角钱。那些长得稍高一些的孩子有可能被雇去，剩下骨瘦如柴的小个子，仍然尖着嗓子喊："挑担啰，挑担啰，挑到山顶三角钱。"遇不到雇主，他们就把扁担藏好，伸出脏兮兮的小手向人讨口吃的。

许淑彬的身体时好时坏，李四光请许淑彬的弟弟许保钧来庐山，帮助料理家务。

冬日的一天，李四光、许保钧二人刚走出门，李四光一把拉住许保钧，说："小弟，走，咱们走小路，翻山坡。"

许保钧纳闷，放着正路不走，干吗绕远道？李四光朝大路瞥一眼，说："你没看见大人物来了吗？"

许保钧一看，果真是一顶八人抬的藏青色的大轿。

"那是林森，南京国民政府主席。我们不去理睬他。"

不过，蒋介石政府却时不时地注意李四光。这也难怪，像他那样有很高国际声誉的专家，在中国有几个？蒋介石需要装点门面。

1937 年，中国上空弥漫着战争的阴云，日本要吞并中国。6 月，蒋介石来到庐山，说是与教授、学者和各党派领袖共话抗战。

李四光收到蒋介石的邀请函。送函人献媚："李先生，您是蒋总裁第一批邀请的客人哟。"可是李四光根本不屑一顾。许淑彬得知后说："不去，不去给他捧场。一想起杨太太、小佛，我就不能原谅他们。"

就在蒋介石牛气烘烘地高喊"决不丢弃一寸国土，愿杀身成仁"时，李四光轻蔑一笑。他开始着手撰写一部新的地质专著——《冰期之庐山》。

3. 搬迁，搬迁，还得搬迁

时局愈加严峻。战争的硝烟已经飘到长江南岸。地质研究所人心惶惶，李四光却临危不惊，他告诉下属："我们是搞地质的，生存一天，就要考虑自己的研究课题，不能被局势左右，无所事事。"他依然奋笔疾书，研究课题。

1937 年 3 月的一天，李四光的学生孙殿卿来了，说："先生，能让我做些什么吗？"

李四光对孙殿卿有一种特殊的感情。还是在北京大学做兼职教授时，日本占领东三省的消息传来，李四光立即想到北大的东北籍学生。他找到孙殿卿，问："你的家在东北吗？"

"在东北哈尔滨。"

"有家里人的消息吗?"

孙殿卿哽咽了,说:"没有。父母、弟弟、妹妹都没有逃出来,不知是死是活。"

"你的生活怎么安置? 有困难说出来,我帮你。"

"谢谢,谢谢先生。生活暂时没有问题。一位朋友帮我在中学找了一份差事,能维持。"

迁往南京前,李四光又嘱咐孙殿卿,有困难只管说出来。这会儿,孙殿卿来投奔他了。李四光让他在地质研究所帮忙。

7月7日,日军大举进犯,二十九路军抵挡不住,撤退下来。北平,这个中国近六百年的国都,落入日本人手中。

8月13日,日军攻打上海,激战中双方损失惨重,国民党军不敌日军飞机、大炮、装甲车,上海这个亚洲第一大都会沦陷了。

黄河在鸣咽,长江在悲鸣,五千年华夏文明,遭到夷族他邦的蹂躏。

南京暴露在日本的炮口之下。

李四光接到政府一纸公文,鸡鸣寺的地质办公楼已被防空司令部征用,限期三天搬迁,届时禁止通行。

地质研究所的人员多在外地考察,这里的设备、标本、仪器、书籍、资料、图片、工具满满几屋子。怎么搬? 搬到哪儿?

好在李四光两年前在庐山做了准备。他把所里的剩余人员,包括家属、孩子,都组织起来,不分昼夜,打包搬运。许淑彬也来帮忙,她身患重病,血压高得惊人。可大敌当前,顾不得身体,抢救资料要紧。

大件东西搬不走,李四光叫人安置到地下室。三天后,"人去楼空"。

空军司令部开过来了。蒋介石宣布:"誓与南京共存亡。"可是,开战才六天,他率先南逃。日军占领南京后,开始屠城。到处是凶煞恶魔,到处是魑魅魍魉,到处是烧焦的尸体,到处是流血、火光。三十万同胞惨死在日寇的刀枪下,南京成了人间地狱。

中央研究院迁到武汉,还没有喘口气,又要随中央政府南迁。

"就这样尾随在蒋介石身后四处逃难?"李四光一再问自己。

"不能跟着蒋介石政府,一天也不能!"李四光当即决定到广西去。

广西是国民党桂系首脑李宗仁、白崇禧的地盘,李、白二人与蒋介石积怨很深。抗战开始,他们号召全国学人到广西发展。在此之前,马君武一再请李四光到广西桂林建立科学实验馆。

又一次大规模的搬迁。武汉沦陷在即,庐山乱作一团。官太太、娇小姐、公子哥带着他们的皮箱、细软、古玩、字画、猫啊、狗呀,挤满渡轮向南逃。李四光眼看着地质所的仪器、标本摆一地,却没有运输工具。

"船在哪儿?"为了找船,李四光急得嘴角出了一层白泡。他的学生邱捷是个商人,在九江出高价雇来两只船,解了李四光的燃眉之急。

船少东西多,李四光果断地做出决定:人员和必要的科研资料装上船,其他的舍弃。

已是初冬季节,天色阴沉,江面寒气逼人,江岸火光冲天。李四光和地质所的人,肩靠肩,背挨背,挤在一起。小船进入洞庭湖,驶向广西桂林。

号称大后方的桂林,也不安全。李四光与马君武商议,在环湖东路安置下来。

一捆捆图书资料搬进来,颠簸多日的人们进入梦乡。

"轰隆隆——"

"敌机来啦,敌机轰炸啦。"

人们从床上爬起来,向林子里跑。

马君武耸耸肩:"仲揆,迁到郊区吧。这里随时有危险。"

第三次搬迁,迁到乐群路。这里空房不少,但破旧不堪,杂草丛生,老鼠乱窜,远远望去像乱坟岗。李四光很满意,地僻人稀,幽静安全。

所里的人员齐动手,清除杂草,平整土地,打扫场院,修补门窗。总算有个安身地方。半年后,日本飞机又频频光顾,几处房子相继被毁。

还得搬迁。

4. 生命支点

1939 年,李四光和他的地质研究所搬到广西良丰。

没有经费,所里面二三十号人几个月没领到薪水。李四光很抱歉,他对大家说:"我们没有钱。"所里的人谁都不说什么。是啊,他们的导师能把地质情况搞得清清楚楚,却没有办法把社会关系搞明白。科研经费被中央政府挪作他用了。

李四光四处奔波,解决经费问题。

一天,他跑去见广西省政府主席黄旭初。

"黄主席,地质研究所的工作人员,冒着枪林弹雨,长途跋涉来到这里。大家是饿着肚子工作。"李四光动之以情。

"是啊,是啊。你们到来,广西的科学事业定有一个大发展。"黄旭初知道李四光的来意,他想绕过话题。

李四光单刀直入:"广西是个资源极丰富的地方,一旦开发,前景十分广阔。我们研究所在这方面有信心。只要政府拨些经费,我们立刻投入工作。"

"仲揆呀,不瞒你说,我这省政府是个空架子。广西历来是个穷地方,没什么工业。前些年李、白二将军与蒋打仗,伤了元气。这会儿,又要加强军备开支,我这里捉襟见肘。怎么,仲揆,你总是捂住膝盖,腿痛吗?是病了还是伤了?"黄旭初见李四光双手紧捂膝盖,关切地问。

"没什么,这是我的习惯。"说着,李四光的手捂得更紧了。

黄旭初拉开他的手一看,李四光的裤子破了个大窟窿。

"见到淑彬,我得说她。世界水平的大教授穿破裤子,成何体统。"

"不怪她。从庐山撤退时,我想多带些资料,没拿几件换洗衣服。"

黄旭初略加深思:"仲揆,给我几天时间,我想法子给你们弄些经费。"

经费到了,很少。李四光一分为二,一半拿去作科研费用,一半发给大家聊补无米之炊。

许淑彬上街买了一块土布,染成土灰色,自己裁剪、缝纫,做了一套对襟衣服。李四光穿上,活脱脱一副老农模样。

李四光喜得什么似的,抖抖这儿,拉拉那儿,让熙芝看,叫淑彬瞧,一个劲地夸:夫人手艺巧,夫人技术高。把许淑彬说得满眼是泪。想当年,潇潇洒洒、风度翩翩的文雅儒士哪里去了?眼前的李四光,头发花白,满目沧桑,一身土灰,只有那双眼睛,依然炯炯有神。

熙芝趁父亲高兴，提了一个要求："爸，你把烟戒掉吧，没钱买好烟，你净抽劣质烟叶，吐出的烟雾，辛辣苦涩，呛死人。昨儿夜里，你写文章时不住地咳嗽，都是那臭烟叶的事儿，时间长了，你会病的。"

淑彬马上接过话头："对对对，仲揆，再不要吸那劣质烟啦。"

李四光敛起笑容，说："你们不要干涉我。饭可不吃，烟不可不抽。"

浓浓的烟雾中，李四光埋头思索：把学有所成的人分流出去，压缩费用。他起草了一个文件：

"抗战以来，各方面专门人才需要甚急，而本所经费一再核减，故本所之一部分人员为其他机关所借用，薪水由借用之机关供给，而其工作则仍与本所保持联络。在借用之机关得适当之人才效劳，而在本所亦可减轻一分负担，事属两全，故见机即行之。"

他在一张纸上写下分流名单：喻建章，最早跟随他的学生，这些年来摔打得完全可以独当一面。许杰，到大学任教是最合适的人选。朱森……

写到朱森，他停住笔。朱森跟他多年，他最了解朱森，论学问、论人品、论吃苦实干没的说，可是，为人过于忠厚，还是留在所里吧。可是，又一想，不行，朱森家庭负担重，到大学当教授，生活宽裕些。

地质所一下子走了那么多人,冷清许多。1941年9月,李四光又带着几位助手和工作人员,到湖南与广西的交界处进行勘查。

一天,他们来到大山深处。仲秋时节,湘桂山地,树叶金黄,山菊烂漫。大家盘腿围坐在一起。拿出烧饼,打来清泉水,准备午饭。

"先生,能提个问题吗?"一位年轻的助手说。

"讲吧,讲出来大家讨论。"

"日本占领大半个中国,中央政府躲到大西南,中国将来会怎么样呢?很难说清。咱们是搞地质的,苦和累都算不得什么,问题是搞出些地质理论成果,又会怎么样呢?"

众人默不作声,都看着李四光。其实,这个问题正是他们百思不得其解的。

李四光沉默一会儿,抬起头,说:"一切往前看。对每个人来说,不过是人世间的过客,匆匆而来匆匆而去。社会却是永恒发展的。既然来到这个世界上,就抱定一个主意,为这个世界做些什么。咱们是中国人,又是搞地质的,自然要为中国的地质事业做些事情。现在,中国局势是很难判定,但我认为,中国将来会好起来的,我们研究出的成果,终究会用得上。"

一只山鹰,拍打着翅膀,在山顶盘旋。

助手们一边就着清泉啃烧饼,一边咀嚼着导师的肺腑之言。

5.弯曲的小砾石

这一次外出考察,收获很大。不仅探明了中国西南一些地区的地质状况,而且发现不少冰川遗迹。

听说良丰附近的驾桥岭一带有冰川遗迹,李四光立即带上助手前往。

"先生,先生,看,这是一块什么石头?"张更在冰碛层中捡起一块小砾石,感到很奇怪,急忙拿去让李四光鉴定。

李四光接过砾石,两眼立刻放出光彩。这块石头确实与众不同。一寸见方,呈紫红色,中间弯成九十度的直角,弯曲的纹路、线条,清晰可见,表面还有擦痕。

见大家围过来,李四光提出问题:

"这块石头的成分是细粒石英砂岩。这种石质性脆、易碎。可是,你们看,这枚砾石竟弯曲成马鞍形状。这是为什么?"

没有人能回答来。李四光自言自语说:"得好好研究研究。"

他把小砾石还给张更,嘱咐他保存好。

张更说:"先生,你保存吧,它对你有用。"

回到家,李四光钉了个小木盒,向许淑彬要了一块红绸布,把石头包起装进木盒。啥时有空,就拿出来揣摩一番。

不久,广西大学请李四光作学术报告,他带着盒子。他演讲的题目是:《岩石的力学性质与时间因素变化之关系》。

他这样讲:

"坚如磐石常常被用作评价人的高贵品质。'坚硬'便是石头的品质。但是,在地质人员看来,在高温、高压的作用下,石头又像胶泥,变成各式形状。而我还认为,条件特殊时,温度不高,压力不大,石头也会改变形状。这个特殊的条件就是时间。

"我们家乡有个风俗,老百姓在春节前要摆一块麦芽糖敬神。神喜欢不喜欢吃麦芽糖呢? 我不知道。但我知道小孩子爱吃。平日里家里不买,没得吃。过年买一块却叫神吃,小孩子想不通,趁母亲不注意,爬到桌子上,抓起糖就跑。母亲发现了,就去追,追上孩子抢夺麦芽糖,孩子不给,两人撕拽,糖拉成长条。我见过卖糖的小贩,他们拿一柄锤子,只一敲,麦芽糖碎了。这说明麦芽糖既有塑性又有脆性。

"石头也是这样。大家看,这是一块极易破碎的石英砂岩。由于长时间受一种稳定压力,它不仅没有破碎,还塑成这种形状。"

讲到这里,他见学生们踮起脚看这枚石头,就把盒子递给前排的学生,让他们依次传看。

最后,盒子又回到李四光手里。他打开一看,困惑地瞅了一眼主持人。

主持人走上讲台,看到盒子是空的。真是尴尬至极。李四光不想为难他,清了清嗓子,提高音量:"同学们,那是一块罕见的石头。但是,它只有科学研究价值,绝对没有经济价值。如果拿给玉石专家鉴定,它分文不值。"

下面一阵骚动,可是没有人主动交出石头。

"收藏它的同学,可能与我一样,也很喜欢它。那就好好保存吧,它确实是一块难得的标本。"

回到家,李四光闷闷不乐。许淑彬为了替他排解,故作轻松地说:"丢了也好,你把那石头盒子整天装在衣袋里,我已经给你缝过三次衣袋啦!"

"那是上千万年的大自然结晶,是很能说明地质演变的标本,什么东西都比不上它。"

许淑彬不作声,她向女儿摆摆手,娘儿俩走开了。

广西大学十分重视"石头事件",到处张贴海报,希望拿砾石的学生认识错误,物归原主。三天后,在校内相思洞洞口,人们发现了那块弯曲的砾石。

学校专程派人把砾石送给李四光。从此,他再不肯轻易拿到大庭广众之中。

经过一段时间的思考,一个蒙眬的问题清晰了,他写了一篇文章:《一个弯曲的砾石》。其中写道:"漫长的地质时代,在地应力长期作用下,岩石发生各种变化。犹如这枚砾石,它的一端被卡在石缝里,另一端被冰流推压,久而久之,弯曲成直角形。"

文章在英国《自然》杂志上发表。

一天,李约瑟博士叩开李四光的家门:

"李,我正在编写《中国科学发展史》。读过你的《一个弯曲的砾石》,很感兴趣。我能看一看这枚石头吗?"

李四光对这位立志把中国科技文明介绍给世界的学者十分尊敬,不仅把弯曲的砾石拿出来,还把自己收藏很珍贵的石头标本灯盏石、压石、熨斗石等都摆了出来。一边指给李约瑟博士看,一边用力学原理讲石头变形的过程。博士很认真地做着笔记,末了,进行拍照,留作资料。

6. 造山实验

在八年抗战的艰苦岁月里,李四光的地质力学理论日臻成形。可是,很多学者认为地质力学理论不可思议,甚至有人还不负责任地说:那个李四光呀,一向喜欢标新立异,世界地质大师已经断言中国没有第四纪冰川,他却偏偏说华北、华中、华南,第四纪冰川的遗迹到处可见。这不,又拿出一套地质力学理论,这不是要与地质权威们对着干吗?

李四光听了,一笑置之。心想:我不想与任何人对着干,只想弄清事实。

对！得拿出事实，如果把地球运动过程中造山的情形演示出来，人们不就信服了吗？

但是，山不那么好造。李四光不是济公，没有神来之法，搬来一座"飞来峰"。

不能造一座山，总可以用山的构造原理做一些造山的模拟实验吧？

李四光找来一块门板，他把绵纸放在肥皂水里，浸透，捞出，平铺在门板上。然后，双手按住绵纸，缓缓向前推。凸起来了，受力的绵纸形成弧状，中间挤出个褶皱，粗略一看，很像个"山"字。李四光点点头，这是由于地壳受力，水平移动，受力不均，就成了"山"字。

再来点复杂的。

李四光把废纸放在锅里，煮成纸浆，拌上沙子，调成泥浆，再把泥浆平摊在用肥皂水浸湿的平板上，还在平板上装上一个小机械滑轮，摇动滑轮的木柄，泥浆开始向中间隆起，一条东西走向的弧形山脉隆起，它的凹陷处正好有一条南北走向的山谷。又是一个"山"字形结构。

正在大学预科班读书的女儿见父亲乐不可支地一遍一遍地摆弄，兴冲冲地说："我来试试。"

她摊好泥浆，猛地摇动木柄，怪了，木板上出现的不是"山"

字形,而成了"多"字形状,怎么回事儿? 李四光解释说:泥浆受力方向不同,会有不同的形状。除"多"字形,还会出现"歹"字形等形状。

熙芝提出问题:"爸,地球是个椭圆体,你在平板上做实验,能说明问题吗?"

"道理一样。平面也罢,球体也罢,力作用于地壳,地壳隆起,形成不同的构造带。不过,你问得好,地质实验讲究高度的相似性。我得想法子改进。"

他买来一个大铅球,把铅球安装在铁架上,两端用轴条连接,再把铅粉、纸浆调合成泥浆状,把泥浆均匀地敷在球体表面,开始转动铅球,随着球体转动,两端受离心力的作用,泥浆向中间部位推移,移动中发生错位现象,又是一个"山"字形的构造。

事实胜于雄辩。几百次的实验,出现同一个结果,还有什么能比这个结果更有说服力? 反对地质力学的人表示:我们不能接受地质力学理论。但是,我们也不能对实验的结论做出另外一些解释。

7. 朱森之死

实验继续进行。李四光认为,做一万次实验,如果出现一次异常结果,就得搞清原因。

1942 年的夏天，良丰地区持续高温，知了躲在树枝上"吱——吱——"地叫得人心烦。

李四光早已习惯酷热的天气，他照旧在小屋里做着"造山实验"。

门开了，喻建章走进来，他神情黯然，眼角似乎还有点点泪痕。

"先生，朱森前日去世了。"

"什么？子元（朱森字）不在了？怎么可能？"李四光沾满泥浆的手一下子抓住喻建章，要问个究竟。

"先生，怪我没有照顾好，朱森死得惨啊。"七尺男儿，放声大哭。

李四光让他坐下，递来毛巾。

喻建章平静下来，把朱森死的经过原原本本讲出来了。

朱森到重庆大学教书。当时，喻建章任中央大学地质系主任，两人经常在一起研究地质问题。喻建章很佩服朱森的学识，希望他能到中央大学代些课。朱森是老实人，碍于情面，答应了喻的要求。

当时，国民政府规定，各大学教授可按月领取五斗平价米。朱森在重大教书期间，妻子按月去领米。这年 6 月，朱森带学生外出考察，回来后胃病复发，疼痛难忍，住进医院。

恰巧，中央大学总务部通知朱森的夫人到校领平价米，她即将米领回。于是,有人上告,说是朱森领取双份平价米,意在贪图私利。教育部那帮官僚,不做核查,立即处置:通告朱森有贪污行为,予以处分。

躺在病床上的朱森得知这一消息,如五雷轰顶一般,挣扎着站起身,要到教育部问个明白,但剧烈的疼痛压倒了他。顿时,他两眼发直,浑身冒汗,哆哆嗦嗦地一句话也说不出,两手不住地揪着自己的胸口。突然,一口鲜血涌出,接着,是大口大口地吐血。他吐出满腔的血,却吐不出满腹的冤,于当夜两点,告别人间。

"先生,你要节哀呀,先生。"喻建章看见李四光脸色发白,青筋暴起,双肩微微颤动,合起双眼,一言不发,一串串泪珠顺着面颊滚落下来。

不知什么时候,许淑彬来了,两人搀扶着李四光上床。李四光用微弱的声音说:"淑彬,给建章做些吃的,我想一个人躺一会儿。"

他们离开了。李四光长长地叹口气:"子元,你就这样走了吗?就这样离开我们了?"

1923 年,李四光在北大教书时第一次见到朱森。朱森个子不高,又黑又瘦,平时不大爱交往,但对地质学很感兴趣。因为经常请教李四光一些地质上的问题,李四光发现他很有潜力,感到他务实、勤奋、能够吃苦,有个人见解,是块搞地质的好材料。

1928 年,李四光组建中国地质研究所,选朱森到所里工作。

朱森跟随李四光,除帮助导师做些研究,自己也写了不少论文。1932 年,李四光带着他们到南岭山脉考察,那次考察,异常艰苦。他们深入人迹罕至的深山老林,常常与猛兽做伴。在外野宿,朱森总是睡在帐篷口,万一遇到危险,他要为大家抵挡一阵。1934 年秋天,研究所得到一个机会,派一位工作人员到美国学习,李四光力排众议,坚持让朱森留学美国。朱森,这样一位没有什么家庭背景和特殊社会关系的平民子弟,因为李四光的提携,成为地质界的后起之秀。

1936 年 5 月,李四光从英国讲学归来,绕道美国。正在哥伦比亚大学留学的朱森,为了迎候导师,一大早赶往码头,在看到李四光乘坐的渡轮靠岸时,他手舞足蹈,高声喊着:"先生,先生,李先生!"那情景,让人感动不已。

朱森学成归来,正赶上研究所南行。一路上颠沛流离,他吃苦最多,受累最大。满想着推荐他到大学教书,可以增加一点儿他的家庭收入,不承想,他就这样被人陷害致死。

天渐渐黑下来,淑彬点上小油灯,扶李四光下床,劝他说:"仲揆,想开些,这个世道,好人难啊。"

一家大报的记者为"朱森之死"事件专诚采访李四光。这位记者也是古道热肠,他告诉李四光,朱森死后,从重庆到桂林,掀起控诉国民党黑暗统治的浪潮。他拿出一份《新华日报》给李四光,说:"李先生,朱森教授不能这样白白地死去。你看,这是共产党创办的报纸,上面有一篇专门为朱森事件发表的社论。"

李四光接过报纸,上面赫然写着几个大字:论朱森教授之死。社论指出:"对于一个教养有素、学业有成的人,只凭他人的告发,不经过确切的查究,即给予处分,常常会造成一些悲惨的事态出来。这是在行政负责方面所不可不万分审慎的地方。"

记者问:"李先生,你对朱先生之死,是怎样一个看法?"

李四光冲口而出:"我们做地质工作的人,本来就准备接受饿死、热死、跌死、打死、累死,尤其是这个时期,有什么说头?不过要说是气死,则国家无谓的牺牲未免太大。死了还要受气,更是太不成话。"

记者走后,李四光仍然无法平静下来,他写了一篇文章《朱森蝗,蝗科之一新属》,说"这个新属名,是为纪念已故的朱森教授而命名的,特别是为纪念他在中国地质学上的重要贡献"。

很长时间没有给朋友写信了。李四光铺好信纸,提起笔,朱森的身影又在眼前晃动,于是写道:"子元已矣!我的思想太乱,一切不知从何说起,我只能想到他平时对我说话诚挚及对我微笑的样子,其他都不堪设想了。"

又是半年过去,冬日的雨,时断时续,冷风吹来,寒心彻骨。

1943 年即将到来,良丰的大街小巷,没有一点新的生机。为了纪念朱森,李四光赋诗一首《悼子元》:

崎岖五岭路,嗟君从我游。

峰峦隐复见,环绕湘水头。

风云忽变色,瘴疠蒙金瓯。

山兮复何在,石迹耿千秋。

南岭山水若有知,会永远记下李四光与朱森那段刻骨铭心的师生之情。

8. 艰苦岁月

1944 年一开春,中国的局势急转直下,日本聚集大批兵力向云桂地区发起强攻,企图打通平粤汉两条铁路。

长沙失陷,桂林告急。

日本军队打过来啦,赶快逃吧。日本兵南京屠城的阴影笼罩在国人头上。

炮声隆隆,山路迢迢,哪里是个去处? 李四光决定先到贵阳。

研究所总共剩下七八个人,仪器、设备不能带走,李四光下令,就地安置。待他们做完这一切出城时,外面早已是兵荒马乱。

六月的骄阳,快把石头烤化了。李四光他们好不容易挤进一节车厢,车厢就像个大蒸笼,里面人挨人,人挤人,不知是谁小声嘀咕一句:"哎哟,我的腿被挤痛了。"立刻招来一片呵斥声:"忍着点吧,这是逃难。"

火车怎么也跟人较上了劲儿? 走走,停停,慢慢腾腾。

破船又遇顶头风。李四光正赶上闹痢疾,坐不稳站不住,脸色蜡黄,气喘吁吁。许淑彬紧紧握住他的手,一个劲地说:"仲揆,你要顶住啊。"

助手们围着导师,眼睁睁地看着他不断地抽搐,却不知怎么办才好。

火车到了独山,李四光顶不住了,他们只好下去。

四周是一片荒野,到哪里安身?

或许是天无绝人之路吧,许淑彬忽然想起有个亲戚,在贵阳运输大队当处长,找他想想办法。

助手拿着许淑彬的亲笔信去联系。这位亲戚二话不说,调来一部卡车。

研究所有汽车,真是做梦都不敢想的好事。他们一个个高兴得眉开眼笑。

经过二十多天的颠簸,他们来到了贵阳的乐湾。

就在乐湾落户。李四光他们找到住处，挂起"中国地质所办事处"的牌子。

挂好牌子就要工作。李四光提议，到附近的山里考察地质，察看冰川遗迹。

"仲揆，我不同意你去，你还没有痊愈。"许淑彬马上阻拦。

"淑彬，我说过多少次，活着，就是为搞地质研究。如果不是战乱，我或许不到这里来，既然来了，却不去考察，以后，不就成为永远的心病了吗？"

"师母，放心吧，我们会照顾好先生的身体的。"助手们簇拥着李四光出发了。

平静的生活刚过两个月，进入10月，风声吃紧。日军占领桂林，逼近贵阳。独山失守，乐湾不保。

研究所的一行人又上路了。

汽车已经老得掉牙，除去喇叭不会响，没有不响的地方，孙殿卿走一路修一路，那修车的水平快赶上专业技师了。

车轮滚滚，尘土飞扬。突然，一群衣冠不整、蓬头垢面的士兵，在前面一字排开。

"下车，下车，这辆车我们征用了。"

司机刹住车。这群人一哄而上，动手抢劫。

"啪！"李四光拍了一下车盖，士兵们吓得一愣怔。

"你们要干什么？这是我们的汽车，你们想要，办不到！"李四光的声音,震得山谷都"咯吱、咯吱"作响。

那伙人搞不清李四光来头有多大,一时竟不知怎么是好。

司机见机行事,一踩油门,"嗖"的一声开走了。

孙殿卿说:"先生,我可开了眼界,你一发怒,真是山摇地动,八面威风。"众人哈哈大笑起来。遵义到了。逃难的人,把个遵义城塞得满满的。李四光一挥手:"走,咱们上浙江大学投奔竺可桢校长。"

竺先生与李四光是莫逆之交,危难时刻异地重逢,真是百感交集。竺先生半天才说出一句话:"仲揆,你瘦得都走形了。"

在遵义,他们稍事休息,起程驶往重庆。

11月,李四光一行到达重庆。

学生们听说李先生来了,都去看望他,帮他在沙坪坝找间房子;地质界的同人纷纷请他作报告;重庆大学地质系主任喻建章教授,在理学院给他安排一间研究室。一切就绪。

可是,许淑彬却病倒了。高血压折磨着她,头痛得两眼冒金星,每当李四光俯身看她的时候,她总是努力露出笑容。李四光心里流着泪,嘴上却说:"看起来你确实好些了。"

他要亲自服侍许淑彬,给她做饭,端汤,喂药,偶尔,还给她来几段小提琴独奏。

病魔向李四光悄悄袭来。

一天早上,他照顾妻子吃完药睡下,拿起自己的提包去重大做实验。走到沙坪坝路口，一阵钻心般的疼痛使他站立不住，他疾步走到路边的茶馆坐下，额头沁出一层豆大的汗珠，他两手抱着前胸，差点一头栽到地上。

重大地质系的助教周敏打这儿路过，心想，这不是李先生吗？他怎么了？

周敏上前去扶李四光，李四光摆摆手，指指自己的胸口。见势不妙，周敏赶快去找喻建章，两人把李四光送回家，请来常到李家的大夫张孝骞。张大夫切脉后，安慰大家，这是心脏病突然发作，是劳累和气闷引起的，需要静养。

张大夫转身对李四光说：

"仲揆，不可大意，到底上年岁了，比不得年轻时期。烟，一定戒掉。不可再劳作。"

一间屋里两个病人，女儿远在成都读书，除许保钧外，就是李四光的学生们轮流照顾他们夫妇。

李四光病倒后的第三天，喻建章来了。李四光说："我的一篇文章《中韩沿海之陷落与大陆破裂》的构思已经成熟了，你有时间，就来帮我整理一下。"

"先生，你什么时候需要，我什么时候来。但是，大夫嘱咐你不要再劳累啦。"

"大夫的话我已经照着做了。三天来，我没有摸一根烟，并且向你师母做出保证，坚决戒烟。但研究工作不能中断，这篇文章是我的得意之作,它能够填补地质学上的空白,必须尽快完成这个课题。"

喻建章不再说什么。先生口述他记录,一篇重要的地质学文献就这样在李四光的病榻上完成了。

七

假如我们有几万年的寿命，假如我们能登上万里长空，假如我们练就一双孙悟空式的火眼金睛，那么，我们会看到什么？会看到大地如玉兔一般疾走，高原像嫦娥一样舒广袖，三山五陵，便是大海的波涛。看啊，波浪起伏，潮涌潮落。

李四光创立地质力学理论。

1. 地质力学理论宣告诞生

1945 年，元旦刚刚过去，教育界、学术界、文化艺术界都忙着筹备一件事，隆重举办蔡元培先生诞辰纪念活动。1940 年 3 月 5 日，蔡先生在香港病逝，噩耗传来，山河失色，举国同悲。1月 11 日，是蔡先生的诞辰，各界人士纷纷要求举行全国性的纪念活动。

李四光与蔡元培志同道合。他对许淑彬说："天下得一知己足矣。我生平十分敬重蔡先生，他刚柔相济，具有远见卓识，有长者风范。这次参加纪念活动，我要拿出最有分量的东西，告慰蔡先生的知遇之恩。"

纪念活动的帷幕拉开了。各校学生代表早已把会场围得水泄不通，李四光步入会场，抬头看到，主席台的正中央悬挂着蔡元培先生的巨幅画像，左右是两幅巨型横幅，左边横幅写着"教育界之先觉"，右边横幅上是"学术界之泰斗"。李四光想：蔡先生当之无愧。

李四光献给蔡元培先生的礼物是《从地质力学观点上看中国山脉之形成》的演讲。

站在主席台上，他的心情极不平静，此次演讲的内容是他耗费 20 年的心血，融会地质学界先辈们研究的精华，又自成体系的地质力学理论。他演讲道：

"世界上大小山脉很多，中国境内的大小山脉也很多，这些大大小小的山脉是怎样形成的？这是一个国家内的问题，也是一个世界的问题，要解决中国山脉的问题，非解决世界上的山脉问题不可。

"文人说，稳如泰山磐石，殊不知，石头也是变化的，泰山石天天在变，终有一天，它会腐烂，化作泥土。还是宋朝的思想家朱熹说得好，'山如波纹状，但不知何以凝结'，确实如此。如果我们能有一万年或两万年的寿命，如果我们站在一个极高的地方,同时我们又有锐利的眼睛可以看得很远,那么,就可以看见山丘陵地如大海波涛似的起伏波动。"

接着,李四光分析了地壳变化的原因是地应力。

在随后出版的《地质力学之基础与方法》一书中,李四光解释道:"地质力学之意义,在于从地表岩体所经过各种变形或破坏之方式,根据力学原则,探求各地域地壳内发生运动之原因。"也就是说地质力学是用力学的观点来解释、分析、探讨、总结地壳构成和地壳运动,进而探索它的力学性质以及发生、发展的过程和规律的。

至此,地质学界的一支重要流派——地质力学理论,宣告诞生。

在此之前,中国没有哪位学者在国际学术界独树一帜,建立起自己的理论体系,这样的使命由李四光完成了,这一年,他56岁。

地质力学理论问世,学术界一片哗然,盛赞者有之,非难者有之。听得多了,李四光一笑置之。他相信一句话:真金不怕火炼。

2."南京？ 我是不会去的。"

"日本投降了。"消息似一声春雷,响彻万里长空。山城重庆一片欢腾,锣鼓喧天,鞭炮齐鸣,彩旗高挂,欢声雷动。

李四光在重大得到喜讯,他疾步赶回家,一推门就喊:"淑彬,日本投降了,民族有希望了。"

久病卧床的许淑彬一个翻身坐起来,两人相扶着走到窗前。外面,天空湛蓝湛蓝的,许淑彬依偎在李四光身旁,像小姑娘似的咯咯一笑,说:"仲揆,我们不再逃难啦。"

"逃难? 不! 我们准备一下,就回南京。我的地质力学当中有不少涉及矿产形成的理论,但那只是秀才论兵。国家安定了,我就组织一支勘探队,探矿、挖煤、采油,那时,有干不完的事情。"

"我也有事情要做,我想办一所艺术学校,教孩子们弹琴、跳舞,看着他们粉嘟嘟的小脸喜盈盈的,我会感到很幸福。"

"淑彬,你本该是一位艺术家。为了我,为了这个家⋯⋯"

"不要这样说,生活本身就是一种艺术。这么难的日子我们都挺过来啦,你还取得这么高的学术成就,这不正是一种艺术魅力吗?"

他们哪里知道,一场新的战争即将爆发。

共产党的最高领导人毛泽东亲赴重庆谈判,向全国民众表示:"我们不想打仗。"在做出很大让步的情况下,签订了《双十协定》。

一纸公告怎能挡住蒋介石建立一党专制独裁统治的野心?

战争的阴云密布。

"不要内战!"学生们上街游行。国民党派军队镇压,青年人的鲜血洒在十字街头。

"反对独裁!"民主志士召开大会,国民党派特务破坏,郭沫若等人被打伤。

中国的民主斗士是杀不完砍不尽的。看!闻一多先生走来了,面对嚣张到极点的特务们,他高声说道:"我们前脚跨出大门,后脚就不准备再跨进大门。"

一排子弹穿过胸膛,闻一多先生倒在血泊中。

"又是流血!八年战争,中国人流的血还不够多吗?"李四光气极了,他愤愤地说,"镇压民主运动,绝没有好下场。"

就在这个时候,国民政府向李四光大献殷勤。已经当上了外交部部长的王世杰来到李四光的小屋。他胖了,脸上油光光的,还堆满笑容:

"仲揆老弟啊,一直想着来看你,分手多年啦,哪天不惦念你?哦,淑彬,你可是没什么变化,风采依旧。熙芝呢?大学毕业了吧?为什么不来找我这个叔叔呀?也怨我,公事缠身,对你们关心不够啊。"

李四光一声不吭,脸冷冷的。

还是许淑彬给他倒了一杯茶,笑着说:"其实,我们过得很好。"

"是的,是的。胜利了,我们一起回南京。到南京后,咱们两家还住邻居,走动起来方便。"

"南京? 我是不会去的。"李四光硬邦邦地扔出一句话。

"那你去哪儿?"

"再说吧。"李四光一扭脸,不作声了。

王世杰好没面子,但他不在乎这些。心想:文人嘛,就是这副德行。他起身对许淑彬说:

"淑彬呀,有空儿到家里去坐坐,你嫂子想你们呢。"

王世杰走后,许淑彬问:"他来干什么?"

"谁知道,不去管他。"李四光余气未消。

继王世杰之后,从来没有交往的行政院院长宋子文登门拜访。见了李四光,一口一个"老前辈",喊得他心里堵得慌。

寒暄过后,宋子文说明来意,请李四光出任英国大使。

李四光考虑一下,说:"我身体不好,医生嘱咐我卧床静养。再说,我是搞地质的,对外事活动不甚了解,无法担此重任。"

宋子文败兴而走。

李四光意识到重庆不是久留之地,1946 年 11 月,在喻建章、许保钧的陪同下,他们夫妇乘船顺流而下,驶往上海。

江水缓缓东去,秋风瑟瑟,波光粼粼。前面就是巫峡。李四光坐在船头的甲板上,极目远望,两岸山峰重重叠叠,一道江水曲曲折折,前面石门赫然耸立,再往前看,又是山水相接、天地相连。

武汉到了。李四光的妹妹、妹夫早已等候多时。李四光他们走下甲板,大难过后,亲人相聚,悲喜交加。

船又起锚了,下一站就是南京。喻建章说:"先生,你不上去看看,地质所的人都盼着你呢。"

李四光摇摇头:"建章,地质所的事就拜托你了,把各项工作安排好,有事与许杰商量,也可以和我联系。"

船一靠岸,中央研究院的朱家骅院长来了,他劝李四光说:"李先生,政府非常敬重你,留在南京吧。"

"我已经与朋友约好,他们在上海等我。"李四光决心已定。

朱家骅一听,知道李四光性格倔犟,勉强不得,就从随从那里摸出一沓钱,塞在许淑彬手里,说是给李四光买些补品。

许淑彬像怕烫着双手似的,连连后退,一个劲儿地说:"不要,不要,我们还有。"

李四光挺身挡住:"朱院长的一番好意,我心领了。如果中央政府真的很关心地质事业,就请拨些经费给地质所。正是百废待兴之际,所里经费紧张。"

朱家骅收起钱,走下甲板。

李四光抵达上海。他本想在这里稍事休息,立即动手撰写论文。不料,上海早已成为国民党骄奢淫逸的大本营,从南京路到外滩,十里洋场,灯红酒绿,发了洋财的国民党文臣武将,飞扬跋扈的美国兵,把个上海搞得乌烟瘴气。李四光要离开上海。

"到新疆或共产党领导的解放区。"李四光萌生一个念头。他派人去找孙殿卿,这些年来,他见孙殿卿与各方人士来往频繁,行动很是神秘,心里已猜出几分,只是不想说明。现在,他希望孙殿卿给他铺路搭桥。

先生有重托,孙殿卿很快联系,找到共产党的高级领导人董必武,转述李四光的想法。

董必武沉思好一会儿,说:"这些年来,我党一直关注李四光先生,很赞赏他的不与蒋介石政府合作的态度。只是,新疆不要去,那里很乱。暂时也不要去解放区,国民党眼看就要大举进攻,内战会持续多长时间很难讲。我有一个主意,建议李先生找个安全的地方,避开战乱,等待时机。"

上海不能待,解放区又去不成,李四光决定,偕夫人到杭州定居。

3. 远走他乡

杭州,山清水秀。出城不远处就是连绵起伏的群山,漫山遍野的青藤,层层片片鱼鳞状的石灰岩。李四光在石上一蹲就是半天,他发现这里的岩石是由于构造运动引起的塑性流动。

学生和助手们来杭州看望李四光夫妇,在他们的陪伴下,李四光又来到临安县。临安，是南宋的国都，岁月的河流早已洗去它昔日的铅华。他们在这里又发现一处娇小秀美的"山"字形构造，李四光把它称作"临安山字形构造"。

从临安归来，李四光写下《关于"震旦运动"及华夏式、新华夏式构造线三个名词》的文章。文章中李四光把中国东部直至东南亚地区，分作两种褶皱带：一条呈北－东北走向，是比较古老的构造体系，他称作华夏式构造；另一条呈北－东走向，他说这是一种新的构造体系，叫作新华夏式构造，这一体系的构成与地质力学有密切关系。

1947 年 6 月 6 日，中国地质学会理事会在南京召开，商议推举出席 1948 年在伦敦举行的第十八届国际学会的代表，谁能代表中国地质学界？李四光应该获此殊荣。

此时，李四光正需要一个"妥善的去处"，1948 年，李四光与夫人登上轮船前往英国。

第二次世界大战后的伦敦，一扫过去的尊贵，被德军轰炸过的城堡，弹痕累累。市场上，顾客稀稀拉拉，一到晚上商家纷纷关门，英帝国还没有从战争的阴影中走出来。

风物不同人依旧。鲍尔顿教授从家乡赶来看望李四光，80 岁的老人，须发皆白，笑声朗朗。昔日的弟子，今日的学术界权威，作为教师，还有什么比看到自己的学生取得显赫成就更能引以为豪的？在教授面前，李四光一下子回到了学生时代……

8月23日，第十八届国际学会在伦敦皇家亚尔培大厦开幕。这是世界地质界的盛会。有多少学者正是在法西斯的魔爪下从事研究活动，他们的祖国沦陷了，他们的家园被毁灭了，他们的同胞亲人被关进死亡集中营里，他们自己的生命，也是朝不保夕。然而，生命存在一天，就要探索一天，一个共同的信仰，支撑着地质学家们。今天，他们来了，来向心中的上帝——人类，汇报这些年的科研成绩。

李四光在会上宣读了他的论文《新华夏海的起源》，提出了产生新华夏海的主要应力性质以及构造运动的类型问题。这是李四光第一次在国际学术交流大会上宣布他的地质力学理论。

正在伯明翰大学读书的女儿来了，一家人在异国他乡团聚。得知女儿就要举行婚礼的喜讯，许淑彬高兴得流出了眼泪。他们陪伴着女儿来到教堂，当看到新郎挽着女儿的手臂，缓缓走向红地毯时，夫妇两人，四目相对，会心一笑。李四光意识到，自己的人生又进入一个新的历程。

李四光面临一次重大转折。

他们夫妇离开伦敦，迁到博恩默思公寓。一封来自祖国的书信，随即而至，是地质研究所的许杰写来的。信中写道：

"先生，自您赴英之后，中国形势发展很快，共产党领导的解放军以迅雷不及掩耳之势，摧毁了国民党的重重防线。长江以北，红旗漫卷；长江以南，壁垒森严。蒋介石政府提出'划江而治'，共产党方面要求惩治战犯。国统区人心惶惶，物价飞涨，百姓们处于水深火热之中，他们无时不在盼望共产党的到来。失民心者失天下，国民党大势已去，正在做下一步的打算。传闻蒋家政府企图迁至台湾，前日接到中央研究院的通知，要我们随时做好搬迁的准备。回想起先生平时的教诲，我与赵金科商议，坚决不能尾随国民党南下。于是，秘密起草一个誓约，研究所留在南京，等待共产党接管。孙殿卿、马振图等十余人在誓约上签字并宣誓。目前，我们正在翘首以待。"

"中国的天，真要变了。"李四光兴奋得不能自已，在屋子里来回踱着步子，并且不断地向正在读信的许淑彬宣泄埋在心头很久的情感，"我早就说过，多行不义必自毙。蒋介石把个中国闹腾得民不聊生，山河破碎，这一切都是要受到报应的。淑彬，拿笔来，我要马上给许杰他们写信。"

许淑彬铺好纸，李四光沉吟一下，一挥而就：

许杰君等：

　　来信收到，内情尽知。

　　喜闻蒋家政府临近末日，我与国人共举手加额。你们相约起誓、留守南京的义举，我完全赞同。考虑国内战乱，大家生计不保，可以将我个人名下所存的少许积蓄公开，作为本所研究工作、个人救济之用，以箪食瓢饮，或尚可维持于一时，俟局面稍定，再从长计议可也。

信寄出不久，李四光又收到郭沫若先生的来信，恳请他早日做好回国打算。并且告诉他，在即将召开的中国人民政治协商会议上，他已被推选为自然科学界的代表。

身无彩凤双飞翼，心有灵犀一点通。李四光决定回国。

许淑彬不无忧虑："仲揆，你对共产党没有过多了解，就这样立刻回去？"

李四光很动情地说："淑彬，我16岁那年，中山先生嘱咐我努力向学，蔚为国用。从那时起，我就抱定一个志向，为国家做大事。可是，四十年来，奸佞当道，国无宁日，我空有报国之心，没有机会啊。不错，我和共产党没有很深的交情，但是，他们反对蒋介石的专制暴政，亲近民众。就这些，足以叫我对中国的未来充满希望。"

4. 李四光回来啦

收拾行装，联系船票，一天也不能耽误。

"丁零零……"一阵急促的电话铃声。李四光拿起听筒。

"仲揆，我是×××，现在你的处境不太妙。国民党驻英使馆已接到密令,要你公开发表声明,拒绝接受共产党的邀请。否则,将你扣留起来,押解到台湾。"

"啪!"对方挂上电话。李四光一愣,立刻意识到,这是他的朋友冒着危险给他透露的消息。

事不宜迟。许淑彬拿来公文包:"仲揆,走吧,现在就走。"

"你呢?"

"我一个家庭妇女,随他们处置。想想看,他们能对我怎么样?绑架吗?在英国,绑架一位科学家的妻子做人质,会引起什么样的后果?"

多么聪慧睿智的妻子,李四光深情地拥抱着妻子,在她耳旁悄声说:"等我,我很快与你联系。"

告别许淑彬,李四光披一件风衣,走了。

第二天,国民党驻英大使馆来了两个人,说是有要事相商,请李四光马上跟他们到使馆走一趟,

许淑彬安然自若地回答:"几天前先生外出考察还没有回来。待他回来,我把二位的意思转告给他。"

很快,许淑彬收到李四光的信,她如期与丈夫相会。

1949 年 12 月 25 日,李四光从意大利乘船,踏上回国路程。

"李四光失踪,有可能回大陆。"台湾谍报机关得知消息,立即派出特务,在英国四处搜寻。他们要采取强硬手段,阻止李四光。但是,晚了,这时候的李四光已经在海上。

共产党的华南军政委每日都在计算着李四光的行程：李四光到达亚丁湾，李四光到达吉隆坡，李四光到达香港。

叶剑英一挥手："派人到香港，保护李先生。"

维多利亚公园的一角，乳白色的石凳上坐着李四光夫妇，他们按照朋友的安排，在这里等候共产党派来的护送人员。

两个青年人走来，一男一女。他们向李四光夫妇毕恭毕敬地鞠一躬，男的说："我们是叶剑英同志派来的，是专程护送您和夫人回内地的。"

广州即在眼前。一踏上自己国家的土地，李四光夫妇就置身于一种热情、欢畅的气氛中，尤其是看到身穿黄绿色军装的士兵，态度和蔼可亲，李四光感慨颇深："淑彬，你看，你看，与我们先前见到的国民党军有多大区别，由这一点我敢断言，共产党治国有方。"

1950 年 4 月，《新华日报》记者专程采访李四光，问他回国以后有何感受，他讲了自己的感受后，总结道："这样一个对照，使我非常愉快。"

抵达南京，一位身材魁梧的军人在车站迎接他，是刘伯承将军。刘将军说："李副院长，欢迎你。"

"李副院长？"李四光好生纳闷，我什么时候做起副院长啦？

原来，就在李四光归国途中，新中国成立科学院，他被推选为中国科学院副院长。

地质研究所的一班人马来看望他们的导师,在他们的簇拥下,李四光来到鸡鸣寺地质所的办公楼。喻建章告诉他,当年撤离南京时放在地下室里的仪器、设备都完好无损,现已交给人民政府。

李四光抚摸着擦拭一新的机器,想起1937年在炮火连天中搬迁时的情景,百感交集。

5月6日,在研究所工作人员的陪伴下,李四光夫妇来到北京。

中央人民政府副主席李济深先生,中国科学院院长郭沫若先生,李四光的好朋友竺可桢、丁西林先生,早已在站台等候。丁西林明显地老了,但谈吐还是那样妙趣横生。

5月的北京,花如海,人如潮。工作人员陪同李四光夫妇来到六国饭店。

许淑彬将李四光拉到一边,悄声说:"仲揆,咱们还是换个地方吧。"她拍拍小皮包,脸上显得有些无奈。

李四光领悟了。六国饭店,号称北部中国的第一豪华去处。过去,这里进进出出的不是国民党的军政要人就是金发碧眼的外国人。他,一个两袖清风的学者,与这里从不搭界。许淑彬在告诉他,咱们不可以住在这里。

见二位迟疑,工作人员也猜到原因,说:"二位先生的住处还没有收拾好,政府安排二位暂时住在这里,费用由政府支付。"

住了几天，李四光夫妇心里很不安，又转到北京饭店。

一天中午，一个电话打来，对方问李四光先生下午是否有安排，如果没有，就请在房间里等一下，有人要去拜访。

放下听筒，李四光自言自语："谁这么客气？"

是周恩来总理。他一进房间就紧握着李四光的双手，笑着说："李先生，我们一直在盼你回来。"

一国总理，在百废待兴之际，日理万机，不是约他上门接见，而是放下诸多的事情专程来看望他，这叫李四光激动得不知说什么："总理，我……"

一束橘红色的阳光照在浅灰色的沙发上，中国当代的两位伟人，政治家周恩来和科学家李四光，在这间普通的客房交谈三个多小时。他们讲些什么，后人无法知晓，但人们知道，从此之后，李四光跟定共产党，竭尽全力帮助人民政府，并且于1958年加入了共产党。

1950年8月17日，中华全国第一次自然科学工作者代表大会在北京召开，李四光被推选为中华自然科学专门学会联合会主席。9月，人民政府决定，将地质计划调配委员会改为地质工作计划指导委员会，李四光为主任委员。

中国政府决心要以最快的速度改变中国一穷二白的面貌。经济要发展，地质是先行。1952年10月，中央人民政府第十七次会议上,决定成立地质部,李四光被任命为地质部部长,这一年,他已经 63 岁。

八

中国有没有石油？克拉普扛着钻杆来了,他在陕北高原钻出七个干窟窿,摇摇头走了。布克威尔德抱着勘探镜来了,他到东北瞧瞧,又到西南看看,丢下一句"中国乃贫油之国"的结论,耸耸肩走了。

李四光朗朗一笑:"中国有的是石油。"然后向东一指,大庆原油"哗哗"淌;向西一挥,克拉玛依的钻机"隆隆"唱。

石油滚滚流成河。

1.石油梦

李四光上任,八方告急的电文纷至沓来:油,各地急需大量的石油。

中国有石油吗?

石油在哪里?

距离现在有一千来年的北宋王朝时期,有一位科学家叫沈括,他发现陕北地区的老百姓有个习惯,一到烧火做饭时,就打发孩子到山坡上拾些油炭。这油炭真好使,一点就着,发出蓝莹莹的火苗,做饭啊,烤火啊,比柴火好得多。这就是石油。只可惜没有人专门研究它。

1914年,美国的美孚石油公司派克拉普和菲尔勒带着一支钻井队来了,他们直赴陕北的肤施(今延安一带),在那儿安营扎寨,做起"石油梦"。

第一口井打到深处,拔出钻头一看,哎哟,是口枯井。没有关系,换个地方再打,"隆隆隆、隆隆隆",钻机没日没夜地响,打到一定的深处,拔出钻头,还是枯井。

美国人敢冒风险,无非是多花些钱嘛,钱,美孚公司不在乎,一旦找到大油田,就是一本万利的买卖。公司下令,继续打井。

第三口、第四口、第五口、第六口,打到第七口,克拉普的心快提到嗓子眼儿了,抽出钻头一看,还是空的。七口枯井,摆在黄土高坡,那就是七口棺材,埋葬了美孚公司在中国找油的美梦。为了这七口井,美国人扔掉了整整三百万美金。

克拉普扛着钻杆回到美国。喜欢凑热闹的美国记者围住克拉普,问他中国之行有何感想。克拉普脸一沉,说:"中国将不能生产大量的石油。"

克拉普的回答遭到美国地质界的怀疑:泱泱大国,物产丰富,独独没有石油？是你克拉普没本事找到吧？

1922 年,美国斯坦福大学教授、地质学家布克威尔德来到中国。他到中国的东北、西南转了一大圈,又是测量勘探,又是查询资料,最后得出结论是:"中国东南部找到石油的可能性不大,西南部找到石油的可能性更是渺茫,西北部不会成为油田,东北地区不会有大量的石油。中国绝不会生产大量的石油。"

"中国贫油论"是一种病菌,外国人犯病,中国不少学者也受到感染。他们认为,中国不仅不能找到大油田,连小规模的油田也难形成。

可是,新中国大搞经济建设,到处需要石油。到外国人那里去买吧,美国石油公司拒绝向新中国出售石油。

美国要在经济上对新中国实行封锁,其中包括不向中国出售石油。欧洲很多国家,看美国的眼色行事,也拒绝与中国做石油生意。

刚刚建立起来的新中国,闹起了可怕的油荒。

1953 年,油料严重短缺。长安街上,公共汽车缓缓行驶,汽车的顶端焊着一个铁架,上面放着十几公斤重的大气包,气包里装着燃气。没有汽油,公交公司只好用煤气代替。

公共汽车可以头顶煤气包在大街上穿行,那么,飞机呢？轮船呢？各种各样的重型机器呢？

没有石油,机器躺在那里不转了;

没有石油,飞机趴在那里不飞了;

没有石油,卡车停在那里不跑了。

石油,石油,石油!

支撑人的生命的是殷红的血液。

支撑共和国经济腾飞的是乌黑的石油。

人家不卖给我们石油,我们就不大踏步向前走了吗?

毛泽东,这位与天斗,其乐无穷;与地斗,其乐无穷;与人斗,其乐无穷的"东方巨人",从来没有被困难压倒过,他大手一挥:"我们搞人工合成石油。"

多么有气魄的设想!

然而,又是多么不可思议的事情。

合成一吨石油,需要开采多少吨油母页岩!

提炼一吨油料,需要多大的工程,多高的成本,多复杂的工艺!

这些,暂且不论。只说提炼后的废料,需要占多少土地,都叫人心里没底啊。不到万不得已,不能搞人工合成石油。

千万双眼睛看着年过花甲的李四光:老部长,您一向独辟蹊径,您一向不为权威的定论所折服,您说,咱这 960 万平方公里的大地上,就真的没有石油?

2."中国有石油"

"中国石油含量，极其丰富。"李四光一言九鼎，给中国人带来了极大的希望。

1928年春，也就是美孚公司在陕北钻了七个干窟窿的第十四个年头，李四光正在北京大学地质系教书，他的蜓科研究已取得巨大成果。一次，他从国外杂志上看到一篇报道，说美国在中国找油失败，得出中国是贫油国的结论，有些不以为然。因为，他在蜓科研究中发现，中国有一定的储油条件。他写了一篇文章《燃料的问题》，发表在《现代评论》杂志上。他在文章中指出，美孚的失败，并不能证明中国没有石油，中国的西北部有石油，华中、西南、四川盆地都存在储油条件。

这是李四光发出的第一次"石油之声"，这声音像是石头扔进深井里，没有掀起波澜，甚至没有一丝回音。

1935年，李四光在英国讲学期间，整理出版《中国地质学》，书中写道："新华夏系的内陆沉降带，我们有证据认为是白垩纪内陆盆地的发展。如果在华北平原下部，钻探到足够的深度，似乎没有多大问题会发现白垩纪地层，并且用地震的方法进行勘测时，可能发现有重要经济价值的沉积物。"这里的"沉积物"，就是石油。

这部书的出版之日,正是日军大举入侵中国之时。"勘探石油"便成了一个梦想,埋在李四光的心里。

1953年初冬时节,一辆红旗牌轿车停在地质部门前,工作人员告诉李四光,中央领导请他到中南海。

汽车在长安大街穿行,进入新华门,来到中国首脑人物的办公地点。

会议室庄严肃穆,毛泽东端坐在沙发上,一脸凝重,周恩来侧身与李先念等人在商议什么。

这是李四光第一次面对面地与毛泽东主席商讨国事,一颗心"怦怦怦"直跳。

毛泽东主席说:"要进行建设,石油是不可缺少的。天上飞的,地上跑的,没有石油都转不动。"他停下来,若有所思地看着李四光,说:"你是地质部部长,你看怎么办?"

千言万语,涌上心头,李四光竟然不知从哪儿说起。

周总理似乎看出他由于激动而慌乱的心情,接过话头,说中国经济发展,正面临着能源危机。因此,希望李部长能谈谈自己的见解。

李四光已经理清思路:"我有两点认识:第一,中国有丰富的石油资源;第二,需要开展大量石油普查工作。"

待李四光把自己多年来对石油储存的思考一一讲出后,两位领导人交换了一下目光,毛泽东锁着的双眉舒展开来,周恩来当即拍板:组织人马,开展普查,探明储量,打一场石油翻身仗。

1954年一开春,被中国称作"老大哥"的苏联,派出托洛菲木克为首的石油考察团来北京,帮助中国找油。

考察团一番勘探,飞回北京。地质部、燃料工业部的人都想知道"老大哥"带回来的消息,但聪明的托洛菲木克却不忙着发言,说:"我们非常希望听一听李四光同志的见解。"

李四光不推托,他站起身来说:

"好吧。但是,你们得有些耐心,先让我讲讲一般的地质构造。

"一提找油,人们就谈海相沉积、含油岩层。其实,万事都有个来龙去脉。在我看来,关键是要看石油生成条件。海相沉积带有可能是油区,陆相地层就没有生成石油的条件吗? 有,陆地的低洼地区,水源丰富,气候适宜,大量的生物在那里繁殖,一旦泥沙把生物掩埋起来,经过长时间的地质演化,不就有可能生成石油了吗?

"当然,这些石油星星点点,没有开采价值。但是,诸位不要忘记,地壳是在运动着的,有时是旋转式运动,就像拧手巾时,手巾上的水流成一片似的,地层中的石油汇集在一个地区。我们要找的就是储油区。"

在座的人兴奋得两眼发亮,有人忍不住地说:"部长,请您再说具体些,储油区究竟在哪个位置。"

"看，就在这些地方。"李四光"唰"地一下拉开帷幕，露出中国地形图，他一指，"中国石油勘探远景最大的区域有三个：第一个，青藏、西康、云南至缅甸的大地槽；第二个，阿拉善到陕北盆地；第三个，东北至华北平原。"

"这么辽阔的石油储存区啊。"大家仿佛被领进一座宝库，里面金灿灿亮闪闪，以至有些惊呆啦。

李四光接着讲："先从新华夏系的旁边开始勘探，物探、钻探一齐上，石油会被我们找出来的。"

多么激动人心的讲话，掌声、笑声、欢呼声连成一片。托洛菲木克不失时机地说一句："我们和李部长的意见完全一样。"

1955年，党中央一道指令，责成地质部成立石油普查委员会，并指名要李四光亲自挂帅，担任普查委员会的主任。

李四光召集精锐部队，挑选优秀先锋，组成六路分队，开赴新疆、柴达木、鄂尔多斯、四川、华北、松辽平原，开始勘探。

老部长坐镇北京，运筹帷幄。

孙殿卿带领的西路军深入荒无人烟的柴达木盆地。在冷湖一带，他们看到前面的沙冈上黑乎乎的一片，就直扑过去，捧起湿漉漉油腻腻的黑土一嗅，香喷喷、甜丝丝的。油砂，典型的油砂。快向李部长发电，这里有油苗。

到年底，六路队伍都有发现油苗的消息。

1956年1月，李四光决定，加大力度，派出93个地质队，进行石油普查。

李四光对松辽探勘队寄予厚望,他专程听取这支队伍的报告,希望他们再接再厉。

周恩来总理心系找油工作,5 月 3 日,在国务会议上,总理谈到石油时说:"我们的地质部长很乐观,他对我们说,地下储藏着丰富的石油。我们很拥护他的意见。"

3. 松辽平原出油啦

1957 年岁末,李四光案头,堆积着厚厚一摞找油情报。

新疆发现油砂;

青海找到油苗;

…………

可是,这些情报没有给李四光带来开怀一笑,他的眉头反而锁得更紧了。

夫人许淑彬见他双眉不展,心事重重,关切地问:"老先生,查明那么多的地方有储油构造,你还发什么愁呢?"

"你不懂。肯定一个油区的范围是一回事,圈定一个油田是又一回事,虽然勘探到储油构造,但不能就此圈定油区,这是远水不解近渴呀。"

许淑彬不再说什么,的确,在这个问题上她是多么无能为力啊。

中央领导同样为石油焦虑。1958 年国务院副总理邓小平同志,飞往成都,召集石油、地质两个部的负责人,对他们说:"目前,石油已成迫在眉睫的问题,你们加强合作,尽快确定油区,一旦确定,立即投入开采。"

四川普查队的情报来了,这支勘探队根据国外"地槽褶皱带的山前凹陷生油"理论,发现油苗。

李四光一看就冒火:又是油苗!那个地区构造复杂,冲断层多,经过上亿年的演化,到处可见到油苗,但地层中的油早已流失,为什么不根据地质构造理论到中心地带勘查?

他下达指令:向四川腹部转移,寻找圈闭构造。

勘探队立即转向川中,很快在南充一带打出高产油井。

四川出油,总算缓解一些燃眉之急。但是,中国需要的是大油田。

李四光吩咐秘书,把三年来各地找油的资料统统拿来,他要逐一进行分析。

有了! 李四光向地质部党组提出一个大胆设想:"不放弃西北,多搞东北。"

这是李四光找油工程的战略性转移。

主力部队开赴松辽平原。

这是一片神奇的土地,它头枕长白山,面向黑龙江,白山黑水之间,水草肥美,沃野千里。三百多年前,一支勇武、剽悍的民族就是从这里发展壮大的,他们策马扬鞭,飞越山海关,直逼紫禁城,建立大清帝国。

1931 年,日本占领这片土地,他们朝思暮想在这里能找到大油田。传说,在一个冬末春初的季节,关东军派出一支勘探小分队深入荒漠深处寻找油苗,这里的狂风能把汽车掀翻。他们在这里迷失方向,转呀转呀,整整走了七天,又回到原先迷路的地方。一群又一群的饿狼朝他们袭来,当他们射出最后一梭子弹后,只好掉头逃跑,前面,是一片沼泽地,日本人陷入沼泽,无一生还。

1958 年 2 月,地质部和石油工业部向中央立下军令状:"三年攻下松辽平原。"

沉睡已久的荒原苏醒了。茫茫草地,一座座帐篷支起来,五星红旗升起来,高高井架竖起来,"隆隆"钻机唱起来。

1959 年 6 月 25 日,新华社发出《松辽平原有石油》的消息,并且预言:"松辽平原不久将成为我国重要的油区之一。"

9 月,松辽平原的第一口探井喷出乌黑发亮的原油。

欢呼吧,十年了,上上下下几亿人盼着石油,今天,我们有了自己的大油田。

在此之前,为找油田立下头功的李四光,却躺在了医院,他累病了。

这些年来为了找油,李四光查过多少资料,想过多少方案,做过多少调查,熬过多少夜晚,只有窗外的清风知道,天上的星星知道,他额头那又深又长的皱纹知道。

松辽出油前夕,李四光病倒了。医生发现,他的左肾出现阴影。是肿瘤? 医生心里一沉,立刻向中央汇报。

周恩来总理看到李四光的病情报告,放下一切国事,驱车来到医院。

李四光老了,缕缕白发贴在蜡黄消瘦的面颊上,脖子上的青筋绷起,一双苍白的手无力地耷拉下来。见总理进来,他挣扎着要下床。周恩来一个箭步过去扶住他,说:"李老,你太累了,需要休息。"

院长、主治医生来了,总理听完治疗方案的汇报,叮嘱道,要派最好的医生,要实行一级护理。

手术前一天,周总理又来到李四光的床前。经过一段时间的调养,李四光脸上有了一些红润,精神也好多了。总理说:"李老,你气色不错,这是手术成功的好兆头。"

"总理,我不能就这样去了,怎么也得找出几个大油田,向你有个交代再走。"

"会找到的,中国有两个油(铀),都要靠你去找。"

李四光愣住了:"两个'油',哪两个'油'? 总不是红楼'二尤'吧?"

"哈哈,怎么是红楼'二尤'呢,我说的是石油和制作原子弹的金属铀呀。"

"这么说,我们也要搞核能。"李四光两眼射出明亮的光,"关于铀,我有研究,在构思地质力学理论时,考虑过这个问题。"

"不忙,不忙,先把身上的忧患除掉再说。"

手术顺利。原来,李四光患的不是肿瘤,而是肾结石,结石将左肾磨出一个大水泡,为了防止病情恶化,医生将其左肾切除。

手术过后,周总理第三次来医院探望,并且,给他带来松辽地区出油的好消息。

"松辽出油,别开生面。"李四光的身体,奇迹般地康复了。

出院后李四光立即召集地质部地矿司的负责人,说:"在松辽平原北部已经发现多层油砂,并流出原油,为了迅速开展普查工作,在辽河平原下游,也应该进行工作;在辽河平原的南部和华北平原北部,经过普查如果发现了油气苗的显示,就应在渤海方面进行普查以及钻探工作。"

4. 善打太极拳

松辽平原发现大油田(即大庆油田),举国沉浸在一片欢腾中。李四光却早已把目光收回，考虑石油勘探的下一步安排。

科学家就是这样，他们永远不会满足，永远有下一个目标。

李四光提出石油普查的第二次战略转移，这就是"迈出门槛进华北"。

李四光认为，松辽平原与华北平原联系起来，构成新华夏沉降带一个部分。如果新华夏沉降带是由于新华夏系构造运动而形成的第一级构造，那么，其中各个油田，就应该受到随着这个第一级构造而产生的第二级、第三级甚至更低级再次构造的控制。

一望无际的华北大平原，在哪里才能找到大油田呢？李四光用手一圈，说："看见了吗？这是山东省的东营地区，你们就在那里钻探。"

勘探队在东营竖起井架，嘿，神了！一钻下去，油象显示良好。再打一口井，又是黏黏的原油。继松辽大庆油田之后，华北又出现一个大油田，即胜利油田。

1961年的春夏之交，中央领导安排李四光到青岛疗养。

青岛，美丽的海滨城市，柔和的阳光洒在金色的沙滩上，蓝天碧海，波光粼粼。到了晚上，夜幕上一弯新月，繁星似锦。

每天的这个时候，李四光夫妇漫步在疗养院的花径中。

茉莉花开了，一股股浓郁的香味，沁人心脾。许淑彬最喜欢花儿，她走走停停，蹲下来抚摸着片片叶子，心里涌出无限眷恋之情。

与石头打一辈子交道的李四光，对妻子充满柔情。他担心她走累了，扶着她在花木丛中坐下。

此时此刻，两位老人回想起在北大义演会上初次相遇时的情景。

"人生如梦啊，转眼间，四十年过去了。"许淑彬一声长叹，感慨中有许多的惋惜与感动。

"淑彬，有个事儿，我想与你商量。经过这段时间的疗养，我感觉身体好多了。人，不能不做事情。咱们国家，东北、华北的油区基本确定。现在，应该考虑向海洋发展。虽说我们还没有条件在海上建立大油田，但做些考察工作，总还是必要的吧。我就住在海边，守着个大海，却不出海考察，心里很不安。你能让我外出考察几天吗？"

原来，李四光向夫人请示呢。

"老先生，是组织上要我照顾你的身体，限制你的工作量的。"许淑彬佯装生气，"你呀，自觉性太差。就说这次来青岛吧，你说得多好呀，不再考虑工作，一定把身体养好。可是，来这里一个多月，你哪一天不在忙着修改你的《地质力学概论》，有时，还要熬夜。我躺在床上，盯着你的背影，想劝你休息，又怕打断你的思路。这样能是疗养吗？"说到这里，许淑彬真的生气了。

李四光被说得哑口无言。可是,他真想出海考察呀。

第二天,许淑彬拨通电话,把听筒递给李四光,李四光会心地笑了。

6月的一个早上,在工作人员的陪伴下,李四光乘坐"金星"号海洋调查船去海洋县、乳山县考察,了解海岛的地质、地貌,还意外地发现一处"山"字形构造的东翼反射弧。

1964年底,第三届全国人民代表大会在北京召开。作为人大代表,李四光出席了会议。

周总理作政府工作报告,他在报告当中说了这样一句话:"第一个五年计划建设起来的大庆油田,是根据我国地质专家独创的石油地质理论进行勘探而发现的。"

一股暖流涌进李四光的心间。8岁立志报国,15岁留学日本,16岁跟着孙中山,23岁做实业部长,25岁改学地质专业,以后,搞蜓科研究,发现第四纪冰川遗迹,创立地质力学理论,直到发现大油田,一切都是为民造福,一切都是为报效国家。

休会期间,地质部、石油部的同志们围过来,向李四光表示祝贺。

一位工作人员走到他身边,轻声说:"李部长,请您到北京厅去一下。"

李四光随他来到北京厅,推门一看,立即收住脚步,毛泽东主席坐在那里。

"主席,对不起,我走错门了。"李四光准备退出。

"没有错呀,就是我请你来。"毛主席精神状态特别好。他让李四光坐下,说:"李老,你的太极拳打得不错嘛。"

"太极拳?"李四光重复一句,心想,二十年前,学过打太极拳,可早就不练习啦,主席怎么知道我打太极拳呢?

"太极拳讲究内功,看似柔和舒缓,实则刚劲有力,你找油,不就是按太极章法吗?"

"哈哈哈……"北京厅里的笑声,爽朗又舒畅。

九

风说:我的力量大,我能把绿洲变成一片黄沙,我能把大树连根拔下。水说:我的力量大,我能叫江河改道,我能冲毁千里堤坝。岩浆说:我的力量大,我能叫大地颤抖,我能叫高山低头。李四光说:科学的力量最大,她能抗拒自然灾害,守护人类美好的家。

1. 英雄暮年

李四光老了。他坐在窗台前,看着院子里葡萄架下一群"喳喳"乱叫的小麻雀,自言自语地说:"人哪,怎么不知不觉地就老了呢?"

夫人许淑彬"扑哧"笑出声:"人老了就得服老。像你,年岁高身体又不好,如果还不注意休息、调养,再病倒了,不说耽误工作,还弄得上上下下为你担心。老先生,我说得有道理吗?"

"有道理,有道理。只是我这个人,一辈子都在工作,要让我什么都不做,非闲出病来不可。"

听他这么说,许淑彬只好摇摇头。

"叮咚",听到门铃声,两位老人马上站起,是女儿带着外孙女回来了。

"姥爷,姥爷!"穿着粉色衣裙的外孙女跑着向姥爷扑来。

"乖妞妞,姥爷送你个礼物。"

孩子没有不喜欢礼物的,尤其是姥爷送的。

李四光牵着外孙女的手来到工作室。他抽开抽屉,拿出一本墨绿色封面的书,说:"妞妞,这是送给你的。"

外孙女刚上学,但已经认了不少字,只见书上写着:"科学家谈 21 世纪。"

"姥爷,这上面有你写的吗?"

"有。翻开看看,第一篇是姥爷写的。"

外孙女打开书,第一篇是《看看我们的地球》。她突然想起一件事,对姥爷说:"老师说,中国是在地球的这一边,美国在地球的那一边,两个国家相互对应。我们班上的一位同学,回到家就在院子里挖大坑,挖呀挖,挖得好深呀,他爸爸问:你挖什么呢? 他说,我挖美国呀。把地球挖穿了,就能挖到美国啦。"

李四光哈哈大笑。

"孩子,你们应该多学一些科学知识。来,我把这段话圈起来,妞妞读完后好好想想。"

这段话是：

"我们不能光是伸长脖子，窥测自然界奇妙的变化，我们还要努力学习，掌握那些变化的规律，推动科学更快地前进，来创造幸福无穷的新世界。"

"用科学创造新世界"是李四光的平生夙愿。

1965年1月4日，根据第三届全国人民代表大会第一次会议决定，李四光继续担任地质部部长，这一年他76岁。

"人过七十古来稀。"76岁的老人，还要做些什么？李四光想：要把自己的学术著作修改一遍，不能给后人留下遗憾。

可是，他还没有动笔，就感到身体不适，到医院一查，是左髂骨动脉瘤。

恐怕又得开刀动手术。医院不敢擅自做主，请来北京的名医商议。考虑到李四光年事已高，几年前才做过大手术，还有动脉硬化和心脏病，决定不做手术，保守治疗。

医院把治疗方案讲给李四光，并特意嘱咐一句："李老，您要静养，不能劳累。"

李四光把医生的话理解为：时间不多了，得赶紧多做事情。

他想到华北油田去一趟。许淑彬知道后，大为恼火，高声大气地嚷："老先生，告诉我，你究竟要干什么？难道你不清楚自己的身体是怎么一回事，你要让人发疯吗？"说着，瞪大眼睛，胸脯一起一伏，连皱纹都展平啦。

李四光还没有见过夫人发这么大的火，他像做了错事的孩子，低着头，小心翼翼地说："我不去还不行吗？别生气了，气坏身体怎么办。"

话是这么说，可他的心无时不在惦念着。地质部的同志们似乎已经知道他的心事，华北石油勘探局的工作人员专程到他家里来，向他汇报情况。

送他们出门时，李四光悄悄地说："真想跟着你们走一趟，可老太太关我禁闭呢。"

不能出远门，那就在附近走一走。在千说万说说服夫人之后，李四光在秘书的陪护下，登上北京西山的潭柘寺考察第四纪冰川遗迹。

望着山崖上那刀劈斧凿般的条条痕迹，李四光默默不语，任那阵阵山风撩起缕缕银丝。他意识到，这是最后一次登上高山，最后一次考察冰川，屈指算来，他在第四纪冰川这个大课题中，耗费了四十四年的心血。

再也没有力气爬到山上看冰川啦。但是，怎能割断与冰川的情缘？李四光坐在办公楼的大门口，看到外出考察归来的人，就拦住他们，问：又发现新的冰川遗迹没有？冰川研究中有没有难解决的问题？被问的青年人常常心潮难平，甚至认为，在野外考察，如果不尽心尽力，就对不起老人的拳拳之心。

2. 邢台地震

1966 年 3 月 7 日晚,忙碌了一天的农民像往常一样,把羊赶进圈,把鸡撵进窝,插上门,吹灭灯,进入梦乡。

第二天早上 5 点多钟,河北邢台地区的大平原上闪了一道耀眼的光。刹那间,大地剧烈地颤动,大片大片的房屋倒塌,尘土漫卷,瓦砾横飞。

地震! 邢台地区发生地震,震级达到 7 级以上。

距离邢台仅 200 多公里的北京,也感到地震的余波。

国务院召开紧急会议,周恩来总理亲自主持,李四光出席会议。

有关人员汇报邢台地震情况。由于没有任何防备,加上地震发生在清晨人们没有起床时,因此,人员伤亡极其严重。

周总理听着听着,神色越来越凝重,目光里有痛惜也有焦虑。

总理的表情叫李四光坐不下去:自己是地质部部长,弄清大地活动规律,预报地震情况,是责任,是使命。

"总理,我们地质部这就行动。"

周恩来看着李四光,读懂了他的全部意思,只说一句:"李老,只有你才能担负起这个工作。"

回到地质部,李四光拿出行动方案:第一,组织地震地质考察小队,奔赴震区进行测探;第二,从邢台到北京,设置观察组;第三,抽调人员,建立地震资料库,为长期研究打基础。

　　时间已是下午 6 点,地质部总动员,当即有不少人报名参加考察队,药品、物资、仪器、帐篷,装上汽车。深夜 1 点,准备工作就绪。

　　就在这时,天下起大雨。李四光站在雨中,鼓足劲给队员们做出征前的动员:

　　"到震区,要根据地质构造特征,查明地震发生的原因和范围,推测地震可能扩展的趋势,探索地震预报的方法。要及时与总部联系,发现情况立即报告。"

　　小分队冒雨出征。

　　秘书把李四光搀扶回家。第二天一早,他拄着手杖要出门。许淑彬一步跨到门前,说:"你要去哪儿?"李四光眼睛一瞪:"都什么时候啦,我还能待在家里?"

　　李四光来到办公室,一会儿,震区小分队的电话通了,他们向老部长汇报:探测地点已经选好,准备打一浅孔,安置电感器,观察地应力变化。

　　一头工作落实下来,李四光吩咐秘书:绘制一张曲线图,随时记录地应力变化情况。

　　秘书做完这一切,回过头来,见李四光两眼微闭,斜躺在藤椅上。秘书以为他在休息，起身到里屋拿一床毯子，盖在他身上。

"不要忙，我没睡，在这儿思考问题。"李四光的声音止住秘书的脚步。

"来，来，坐下，咱们聊一聊。"

秘书坐在李四光对面。

"在大学读书时，学过与地震有关的课程吗？"

"没有。我们地质系没有这方面的教授。"

"也难怪。"李四光像是自言自语，"旧中国搞地震研究的也就十几个人，而且，很少有研究经费。"

"是啊，咱们国家是个多地震地区，地震研究几乎是个空白。国民党养着几十万上百万的官僚、兵痞，却不愿拿钱搞地震研究。"说到这儿，秘书来气啦。

"现在，地震研究工作落在我们身上了。我老了，你们正年轻。我为你们多做些探索工作，为你们将来出成果，提供些资料。"

老部长的几句话，说得秘书心里暖暖的。

可是，无情的大地却没有给李四光提供长时间的研究机会。

3 月 22 日下午，华北平原又一次发怒，震中仍是邢台地区。

这一带的百姓，个个成了惊弓之鸟。他们再也不敢回家，不敢进屋，谁知道土地老爷哪会儿发脾气！

虽是春分时节,北国的夜仍然寒冷而漫长。灾区的百姓,裹着被子,缠着毯子,坐在荒野上,他们宁可在外面受冻挨饿,也不敢冒险回到曾经让他们那样眷恋的家。

地震带来的灾难是严重的,它不仅夺走了那么多人的生命和健康,而且,还给人们的心中投下了巨大的阴影。

抗震救灾,安定民心。

周恩来总理来到灾民中间。一担担粮食运过来,一批批衣物送过来。周总理握着灾区百姓的手,说:"我与你们同在!"

百姓安定了,他们提出口号,"重建我们的家园"。

李四光拿着刊登着总理在灾区慰问消息的报纸给许淑彬看:

"一国总理,不顾安危,与民共患难,真是仁者风范。老太太,我要去邢台,你不得阻拦。"

然而,地质部党组书记何长工却出面劝阻:"李老,您是国宝,国家可以少十个何长工,不能少李老您哪。"

自共事以来,这位参加过长征的老干部对李四光十分尊重,听说李四光要亲赴灾区,很担心他的身体。那身体里的瘤子,整日都在晃动着哪。

李四光坚决要求,何长工劝说不下。

双方各执一词,"官司"打到国务院办公厅。

办公厅接受李四光的要求,特意安排一节公务车,送李四光去灾区。

4月22日,许淑彬起个大早,她把做好的面条装在保温瓶里,递给秘书,说:"我就拜托你啦。"

秘书好不感动。他扶着李四光登上列车。

地质部地震观测站就设在邢台尧山。李四光在这里忙了一天。

邢台之行,李四光收获很大。他的地质构造理论在地震中显现出来。一位司机告诉他,3月22日地震发生的那一刻,他亲眼看见一片枣树林打着旋儿向北转。这种现象,正是李四光论述的水平旋扭运动。

地震的确很可怕。如果我们能及时、准确地预报地震发生的时间、地点、强度,不就能将损失降到最低点吗?李四光要在有生之年完成这个重大的世界性课题。

不久,他的研究有了突破性进展。他认为:邢台地震是新华夏系现今活动的结果,地震活动的成带性是北北东走向。根据活动构造带一脉相承的特点,预计未来的地震,要在河间、渤海、唐山、海城一线发生。

据说,李四光的研究报告送到周恩来总理的办公桌上。总理用红、蓝铅笔指着"唐山"两个字,轻声说:唐山是个人口密集的工业城市,一旦发生大的地震,后果将不堪设想啊。

然而,就在这个时候,史无前例的"文化大革命"开始了,地震研究工作受阻。

五年后,李四光逝世了;

十年后,周恩来逝世了。

就在李四光逝世五年之后,周恩来逝世六个月之后,唐山,天塌地陷。

唐山大地震中,有 24.5 万人丧生。

3. 北京,平安无事

又一年过去。

人,是容易遗忘的。三百六十五个日日夜夜,抚平了邢台大地震带给人们的创伤。每天,人们迎着朝阳去,披着晚霞归。地震,离我们的生活已经远了。

但是,李四光仍在关注地震问题。在国务院会议上,李四光说:"根据现有资料,邢台地区已经发生了两次强震和上万次较小的地震,基岩至少是上层破坏得很厉害,产生了大量的裂隙。即使有地应力积累情况的重演,那些积累起来的地应力,大部分都可能通过裂隙的活动释放能量,所以,再发生大地震的可能性不大。但是,就整个华北平原来看,震源带有可能向东北方向发展,像深县、沧州、河间这些地区发生地震的可能性是不能忽视的。"

果然,1967年3月,河间地区发生了6.3级地震。

"李老,您真神啦!说哪儿发生地震,那块土地就会摇晃一下。神机妙算哪。"地质部的年轻人对老部长佩服得五体投地。

李四光告诉年轻人,地震是地下岩层受地应力的作用引起的,地应力过大,岩层无法承受,就会因破裂产生震动。探索地震预报的秘密,主要研究地应力。

华北平原,京畿一带,一个又一个地震观测点建立起来。

1968年4月的一天,北京郊区的一位农民到村口的水井边打水。像往常一样,他用铁钩钩起桶襻儿,在井口一晃,把桶扣到井里。

"嘭"的一声,井水溅到他身上。他低头一看:"怪了,井水咋快涨到井口啦。"

当他打满两桶水,准备挑回家时,突然感到大事不好。

他放下水桶,撒腿往村里跑。

"队长,不好了,井水上涨,怕要地震啦。"

队长带着十几号人围住水井。

井口,白雾袅袅。

队长伸手摸一摸桶里的水,是温的。

"有情况。你们先回家准备,我向上级汇报。"

几个小时后,国家地震局接到基层报告:北京郊区发现多种地震前兆。

经过一番考证,地震局决定起草紧急报告:明天早晨 6 点至 7 点,京畿一带可能发生强烈地震,震中就在北京。

深夜 12 点,周恩来总理拿到地震局的报告,顿时感到事态严重。总理吩咐秘书,通知有关人员,开会研究。

刚躺到床上的李四光接到通知,他披衣下床。

许淑彬过来,睁大眼睛,一脸惊慌。

"总理要我去开会,一定出了大事,不要等我。"

李四光一推门,见助手、秘书、司机早在门口等候。

来到会议厅,长方形的桌子周围已坐满了人。

李四光在周恩来身边的座位上坐下,周恩来把大致情况讲一遍,并且强调:国家地震局分析认为,明天早上北京地区很可能发生 6 级以上的地震,他们建议通知北京市的几百万居民立即起来,到外面过夜。

到会的人,一下子紧张起来,似乎连空气都停止了流动。

只有总理的声音在飘荡:

"把大家请来,共同商议一下,地震情报的准确性有多大,要不要通知北京所有居民,包括各国使馆的人员,统统起来,到外面露宿。"

总理看一看表,时针已指在午夜两点。

"电台播送紧急通知,防务部门拉响警报,让人们离开房间。"不知谁这样一说,会议室立刻一片议论声。

"如果没有发生地震,几百万居民,包括咱们毛主席,都在这个时候走上街头,在街上等到天亮,这成什么话呢?"

各执一词,争执不下。

十分钟后,争论声停止,人们不约而同地看着李四光。

李四光没有说话,他径直走出会议室,来到走廊转弯处的电话机旁。

又过了十分钟,李四光回到会议室,坐下,从从容容地说了一句:"我看,北京现在没有可能发生地震。"

与会人员长长地吐一口气,旋即,又是一肚子狐疑。

虽然,谁也没说,但心里面的小鼓敲得咚咚响:万一发生6级以上的地震怎么办? 北京,可是中国的心脏,有几百万民众,有各国使馆,有来自全国乃至全世界各地的游客,有党的中央机关,有伟大领袖,有……

周总理平静地说:"李老,请你阐述一下你的观点。"

李四光像是早有准备:

"我的依据有三个:其一,地震不会偶然发生,地震发生前有明显的、不稳定的、异常的地应力变化数据。刚才,我与北京四郊的观测点进行联系,那里提供的数据是稳定的,没有发现异常,这证明,至少是京畿一带,近期不会发生地震。其二,根据地质力学理论,地震只能发生在地底下的一种断裂带,或者是在断裂带的两端,或者是在它的交换处。而北京并不处在这个断裂带的两端或它的交换处。北京处于周围的断裂带的中间,它本身发生地震的可能性相对来说要小一些。历史上,北京从来没有关于强烈地震的记录。其三,华北地区连续发生几次强烈地震,促使地下能量释放一些,减轻或削弱了北京近期发生强烈地震的可能性。"

人们如释重负,笑意挂在脸上。

周总理发话:"李老说得很有道理。不发警报,不通知人们到室外露宿。现在是三点一刻,大家回去休息吧。"

他又握住李四光的手:"李老,你身体不好,快回去休息吧。"

走出会议室,一股清香扑鼻而来,那是院子里满树的海棠飘来的香气。

总理没有休息,他来到办公室,接通地质部的电话,接通地震局的电话,接通地震监测部门的电话……

李四光没有休息,他来到地质部的观察室,坐在电话机旁,一个接一个地与各地的地震观测点联系。

凌晨 4 点:

话筒的那一端是"平安无事"的声音。

凌晨 5 点:

话筒的那一端是"一切正常"的声音。

此时,毛泽东主席睡得正香,各国大使及夫人睡意正浓。北京,仍是一片茫茫夜色。

不知不觉中,东方露出一片白光,云霞升腾,清风带来了天亮的消息。

"刚才最后一响,是北京时间 7 点整。"中央人民广播电台新闻联播节目开始,播音员夏青的声音是那样流畅。

向总理报告,北京,平安无事。李四光刚要拿起话筒,电话铃响了。

"是李老吗？我是周恩来。谢谢你,李老,谢谢你！"

幸福的暖流涌遍全身,李四光的眼睛湿润了。

十

有一个美丽的传说,精美的石头会唱歌:它知道李四光的生平业绩,它高唱一曲科学家的颂歌。

李四光走了,他化作一块巨石,矗立在中国的土地上,也矗立在中国人的心中。

1. 迷雾中

邢台大地震刚刚过去,一场波及全社会的另一场"大地震",以排山倒海之势,雷霆万钧之力,迅速席卷中国大地。

"无产阶级文化大革命"开始了。

地质部乱了起来,办公楼里的大字报铺天盖地,辩论声、口号声此起彼伏。原先在一起搞科学研究的人,顿时成了冤家对头,恨不得你吞掉我,我吃了你。

李四光一下坠入迷雾中,这是怎么啦?

不懂,就慢慢领会吧,他想,自己是个共产党员,得服从组织,最高统帅发动"文化大革命",总有一番道理,积极参加吧。

每天,他提着个小马扎,来到地质大院。坐下来,认认真真地看大字报。

看着看着,愈发感到眼前层层迷雾:

"怎么搞的?何长工是经过二万五千里长征的老党员、老干部,现在竟成了钻进党内的敌对分子,太荒唐啦。"

荒唐的还在后面呢。

他听人风言风语地说,他是英国派来的特务,专门收集情报,破坏中国的社会主义建设。

李四光生气啦,干脆,不去地质部看那些乱七八糟的大字报。

"这下好啦,老先生在家彻底休息。"许淑彬怕他心烦,故意说。

李四光苦苦一笑:"身体休息,心里乱呀。"

他的学生孙殿卿、吴磊伯来了。他们被造反派打成反革命分子后遣送到农村劳动。临行前,来向老师辞行。师生相对,欲说无言。

其实,李四光很清楚,这些人的历史清清白白。

就在这个人妖颠倒的时代,周恩来总理设法保护李四光,不让他受到任何冲击。

总理找来地质部的造反派头头儿,说:"李四光同志是一面旗帜,是辛亥革命的老同志。他入党虽然晚一些,但政治上是不动摇的,对社会主义建设做出了很大的贡献。你们要学习他!如果'九大'选为代表,是你们地质部的光荣。"说完,直视着这几个人。

造反派头头儿们被总理盯得不自在,当即表示,按总理指示办。

李四光出席共产党第九次代表大会,并且当选为中央委员。

这,使得李四光有了新的活力,他要重新开展地质部的研究工作。于是,每日里向有关部门反映这情况,提出那要求,想让下放的人回来,想把中断的研究课题继续下去,想减少一些无益的政治斗争,想……

奇怪的是,人们听完他的话,总是客客气气地说:"李老,您年岁高,不要管这些事儿。"

李四光终于明白了,自己是用科学家的头脑,去考虑眼下的政治斗争呀。他不再说什么了,把忧虑、疑虑、苦闷、烦恼,都埋在心里。

起风了,院子里那棵葡萄树上的叶子,失去水分,枯萎了,凉风一吹,忽忽悠悠像一只只黄蝴蝶般飘落下来,只剩下那根老藤,在晚秋的斜阳里支撑着。

踩着满地的落叶,李四光在院子里来回走着。突然,他大喊一声:"淑彬,把院子里通往地质部的那扇铁门锁上。"

许淑彬在秘书的帮助下，"咣"的一声关上了通向地质部大院的铁门。

2. 最后一本书

当时，除周恩来之外，还有一个人也在惦念着李四光，他就是毛泽东主席。

1969 年 5 月，毛泽东主席邀请李四光到丰泽园他的书房。

两位老人从天体起源谈起。

毛主席说："请帮我一个忙好吗？"

"主席，请讲。"

"帮我收集一些国外的科学资料。不过，我读不懂外文，你把资料译成中文再给我看。"

李四光环视四周，主席的书房几乎是书的世界，尤其是那一摞摞线装书，泛着幽幽的光。

从丰泽园回到家，李四光把自己写的《地质力学概论》等几部代表著作呈递上去。接着，开始收集国外地质学资料。

在翻译外文资料时，李四光突发奇想：给毛主席写一本自然读物，不是一件很有意义的事情吗？

他为这个想法所鼓舞，经过一段时间的酝酿，一部 15 万字的书稿完成了。

书名为《天文、地质、古生物资料摘要》,全书分作七个部分:

第一篇:从地球看宇宙。着重阐述地球起源问题。

第二篇:启蒙时代的地质论战。回顾地质学形成时期的各流派及其争论。

第三篇:总结地质工作的要点。

第四篇:古生物及古人类。着重介绍生命的起源,书中谈道:人类是自然界高度发展的产物,是一个生命体由低级到高级的渐变过程。

第五篇:三大冰期。在漫长的地质时代,地球上曾出现过三次特别寒冷时期,即第四纪大冰期、晚古生代大冰期、震旦纪大冰期。

第六篇:地壳的概念。在介绍地壳的一般属性之后,李四光特别提到地下热能的开发和利用。

第七篇:地壳构造和地壳运动。在这一篇中,李四光着重阐述自己五十来年关于地质构造方面的理论。

这是李四光最后一本书,他把文稿通读一遍,交给秘书,说:这是写给毛主席的书。

3. 开发新能源

1970 年,李四光 81 岁。81 岁的老人,又患多种疾病,还能为这个世界做些什么?

9 月,地质部下属勘探队在湖北沙市打钻。当钻头深入地下三千米处时,一股巨大的水柱,冒着腾腾雾气,直冲云天。

"哎呀呀!"周围的人惊叫着四处散开。

水柱冲到半空又落下来,顿时烫伤好多人。

热浪继续往外冒,很快,冲开一条水沟,水流进庄稼地。

金灿灿、沉甸甸的谷穗儿,横七竖八地倒了一地。

公社社员们很生气,眼看到手的粮食被毁了。他们向上面反映。

调查组来了,到水田一看,田里白花花的一片,抠下一块嗅嗅,好咸。原来,地下喷出来的是卤水。

正在武汉的李四光听到这个消息,立即回到北京。他指示地质力学研究所,组织地热组到沙市考察。

那些天,李四光一直处在亢奋状态,时刻注意收集地热方面的消息。

说起地热资源,还得从李四光留学英国谈起。那时,他途经巴黎,在中国留法学生勤工俭学会上,作过一次题为《现代繁华与煤》的演讲,谈到人类一旦用完地球上的煤炭,该怎么办。他很乐观地告诉大家,肯定还有新的能源。20世纪20年代他搞蜓科研究时发现,地球上煤炭开采前景是有限的。1956年在世界科协成立十周年纪念大会上,他说过:"用不着想入非非就可以预料到,将来我们的子孙会责骂我们的,为什么眼看着像煤这样贵重的物质随便被当作燃料烧掉而默不作声。"

不能给后代留下一个百孔千疮一贫如洗的家,要开发新能源。1958年李四光提议,开展地热学研究。

地球的热能有多大？李四光说:"地球是个庞大的热库,有源源不断的热流。"如果把地球上储存的全部煤燃烧时放出的热量作为100,那么石油为3%,目前能利用的核燃料为35%,地下热能为煤的1.7亿倍。

开发热能源,便是李四光打算给人类做出的最后的贡献。

不久,天津有家宾馆成功地利用地下热能为旅客服务。他们特意邀请了李四光夫妇。

李四光高兴地接受了邀请,他和老伴相互搀扶着在宾馆的浴池里泡了个热水澡。地下热水温度适宜,里面有许多有机物和微量元素。许淑彬说:"老先生,整日听你讲地下热能如何好,我今天真的感受到了。"

李四光对着陪同他的天津市的领导算了一笔账。"这家宾馆利用热能仅供宾客洗澡一项即可节约四吨煤,全国有多少宾馆,如果都利用热能,可以省下多少煤炭?"

"开发地下热能,前景无限啊。"李四光望着周围的人,他们有的是市委领导,有的是科研人员,有的是宾馆的负责人。他们都很年轻,都有一条长长的人生道路,而自己快要走到生命的尽头了。想到这儿,他提高音量,缓慢又深沉地说:"如果把地球交给我们的珍贵遗产——煤炭之类,内容极其丰富的财富,不管青红皂白,一概当作燃料烧掉,我们的后代对我们这种愚蠢和无所作为的行径,是不会宽恕的。"

在场的人震惊了,老人这几句话,是从心里喊出来的。

苍天,还能给老人充足的时间让他着手开发新能源吗?

4.地质之光

1971年1月,一场罕见的西伯利亚寒流从蒙古高原呼啸而来,狂风挟着大雪漫天飞舞。李四光一早起来就坐在写字台前,把他的文稿又改一遍,女儿过来,给他披一件衣服,他似乎没有觉察到,连头都没有抬。

女儿来到母亲的房间,对母亲说:"我爸爸怎么啦? 昨天很晚我见他的书房还亮着灯,今儿一早他又在改稿子,得注意身体呀。"

许淑彬摇摇头,叹口气,停了好半天,似乎是忍不住地说了一句："你爸爸在赶时间。"

"什么,你说是……"女儿浑身一哆嗦。

许淑彬眼圈红了:"你爸爸常给我说,做人首先是立德,其次立功,再次立言。他是想在最后的时光里把一辈子研究的东西整理一遍啊。"

女儿怕母亲伤心,疾步走出来,在厨房里痛哭起来,心里念叨着:爸爸,您是世界上最好的人,您一定会健康、长寿的。

或许是女儿心诚所至,春天来到后,李四光的身体比往日要强些,精神状态也好一些。

4月20日,李四光会见石油部六四一厂和国家计委地质局第二海洋石油地质考察队的工作人员,一见面就问:"小伙子,情况进程如何?"

听完汇报,他谈到渤海地区的地质构造与找油的关系。众人听后连连称奇,说:"渤海勘探的情况跟您老说的丝毫不差。难怪大家说您老神机妙算。"

一个上午,李四光的房间里充满欢声笑语。

可是,四天后,也就是4月24日,李四光突然感到浑身发热,四肢无力。许淑彬见状,急忙与助手们一道送他到北京医院,医生一量体温,38摄氏度。

赶快采取措施。吃药,无效;打针,无效。体温一直降不下来。

院方慌了。那些有名望的医生都被打成反动权威靠边站了，弄枪舞棍的造反派可不敢在李四光这样的病人跟前有半点差池。一个报告送到国务院办公厅，批文很快下来：请最好的医生会诊。

4月28日，一流的名医来给李四光会诊。

这时的李四光身体极度虚弱，但思维非常清晰。他拉住一位专家的手轻声说："请你们坦率地告诉我，究竟我还有多少时间，好让我安排一下工作。"

医生们交换一下眼神，俯下身来告诉他："李老，您这是偶感风寒，很快就会好的。"

李四光心里明白，多少次，他都是与死神擦肩而过。这一次，还能出现奇迹吗？可是，他真的不想现在就走，还有一件很重要的事要办呀。

李四光使出浑身的气力抬起身，对医生们说："只要再给我半年时间，地震预报的探索工作，就会看到结果。"

早已视生老病死为常事的医生们，竟然忍不住要流出泪水。还是一位老医生强忍着心头的悲伤，扶李四光躺下，喃喃自语："会好的，会好的。"

这一夜，许淑彬和女儿熙芝守护在李四光身边。许淑彬呆呆地望着厮守大半辈子的丈夫，心如刀绞，泪如雨下："仲揆，你不能走，我们都需要你呀！"

4月29日上午8时30分,李四光感到腹部剧烈地疼痛,额头沁出一层汗珠,他张了张嘴,却说不出话来。又一阵疼痛袭来,他昏了过去。

专家们决定,手术治疗。

胸腔打开,动脉瘤已经破裂。快用人造血管! 但李四光周身的血管已经硬化,人造血管无法接上。无奈,只好将刀口进行缝合。

当包扎结束时,医生注意到,李四光的血压迅速下降,心脏跳动缓慢。

快,输氧,按摩! 然而,不起作用。

"爸爸——"熙芝那刺破云天的一声喊叫,送走了中国一代地质大师。

下雨啦,5月的梅雨,飘飘洒洒,无边无际。